佛華嚴經卷第六十五變相

第三十九之五

大方廣佛華嚴經

일러두기

1. 『대방광불화엄경 강설』원문原文의 저본底本은 근세에 교정이 가장 잘 되었다고 정평이 나 있는 대만臺灣의 불타교육기금회佛陀教育基金會에서 출판한 『화엄경소초華嚴經疏鈔』본입니다.

2. 『대방광불화엄경 강설』은 실차난타實叉難陀가 695년부터 699년까지 4년에 걸쳐 번역해 낸 80권본卷本 『대방광불화엄경』을 우리말로 옮기고 강설을 붙인 것입니다.

3. 『대방광불화엄경』은 애초 산스크리트에서 한역漢譯된 경전이지만 현재 산스크리트본은 소실된 상태입니다. 산스크리트를 음차한 경우 굳이 원래 소리를 표기하려고 하기보다는 『표준국어대사전』이나 『불교사전』 등에 등재된 한자음을 사용하는 것을 원칙으로 하였습니다.

4. 경문의 한글 번역은 동국역경원본을 참고하여 그대로 또는 첨삭을 하며 의미대로 번역하고 다듬었습니다.

5. 각 품마다 내용에 따라 단락을 나누고 제목을 달았습니다. 단락의 제목은 주로 청량淸凉스님의 견해에 기초하였고 이통현李通玄장자의 견해를 참고로 하였습니다.

6. 『대방광불화엄경 강설』의 발행 순서는 한역 경전의 편재 순서를 기준으로 하였고 각 권은 단행본 한 권씩으로 출간될 예정이며 모두 80권으로 완간됩니다. 다만 80권본에 빠져 있는 「보현행원품」은 80권본 완역 및 강설 후 시리즈에 포함돼 추가될 예정입니다.

7. 『대방광불화엄경 강설』 안에서 불교용어를 풀이한 것은 운허스님이 저술하고 동국역경원에서 편찬한 『불교사전』을 인용하였습니다.

8. 각주의 청량스님의 소疏는 대만에서 입력한 大方廣佛華嚴經 사이트의 것을 사용하였습니다.

9. 『대방광불화엄경 강설』 입법계품에 들어가는 문수지남도는 북송北宋시대 불국佛國선사가 선재동자가 53명의 선지식을 친견하여 법을 구하는 장면을 하나하나 그림으로 그린 것입니다.

대방광불화엄경 강설
제 64 권

三十九. 입법계품入法界品 5

실차난타實叉難陀 한역
무비스님 강설

서문

　선재동자가 선지식을 친견하고 나서 그 앞에 나아가 오체五體를 땅에 던져 절하고 이와 같이 말하였습니다.

"저는 이제 참다운 선지식을 만났습니다.

선지식은 일체 지혜에 나아가는 문이니

저로 하여금 진실한 도에 들게 하는 연고입니다.

선지식은 일체 지혜에 나아가는 법이니

저로 하여금 여래의 지위에 이르게 하는 연고입니다.

선지식은 일체 지혜에 나아가는 배[船]이니

저로 하여금 지혜 보배의 섬에 이르게 하는 연고입니다.

선지식은 일체 지혜에 나아가는 횃불이니

저로 하여금 열 가지 힘의 빛[十力光]을 내게 하는 연고입니다.

선지식은 일체 지혜에 나아가는 길이니

저로 하여금 열반의 성에 들어가게 하는 연고입니다.

선지식은 일체 지혜에 나아가는 등불이니

저로 하여금 평탄하고 험한 길을 보게 하는 연고입니다.

선지식은 일체 지혜에 나아가는 다리이니

저로 하여금 험난한 곳을 건너게 하는 연고입니다.

선지식은 일체 지혜에 나아가는 일산이니

저로 하여금 크게 인자한 그늘을 내게 하는 연고입니다.

선지식은 일체 지혜에 나아가는 눈이니

저로 하여금 법의 성품의 문을 보게 하는 연고입니다.

선지식은 일체 지혜에 나아가는 바다의 조수이니

저로 하여금 크게 가엾이 여기는 물[大悲水]을

만족하게 하는 연고입니다."

이와 같이 위대한 선지식은 곧 우리들이 눈앞에서 마주하고 있는 대방광불화엄경이니 행주좌와行住坐臥와 어묵동정語默動靜에서 한순간도 이 대방광불화엄경을 멀리하지 말기를 바랍니다.

2017년 7월 1일

신라 화엄종찰 금정산 범어사

如天 無比

대방광불화엄경 목차

제1권	1. 세주묘엄품世主妙嚴品 [1]		제18권	18. 명법품明法品
제2권	1. 세주묘엄품世主妙嚴品 [2]		제19권	19. 승야마천궁품昇夜摩天宮品
제3권	1. 세주묘엄품世主妙嚴品 [3]			20. 야마천궁게찬품夜摩天宮偈讚品
제4권	1. 세주묘엄품世主妙嚴品 [4]			21. 십행품十行品 [1]
제5권	1. 세주묘엄품世主妙嚴品 [5]		제20권	21. 십행품十行品 [2]
제6권	2. 여래현상품如來現相品		제21권	22. 십무진장품十無盡藏品
제7권	3. 보현삼매품普賢三昧品		제22권	23. 승도솔천궁품昇兜率天宮品
	4. 세계성취품世界成就品		제23권	24. 도솔궁중게찬품兜率宮中偈讚品
제8권	5. 화장세계품華藏世界品 [1]			25. 십회향품十廻向品 [1]
제9권	5. 화장세계품華藏世界品 [2]		제24권	25. 십회향품十廻向品 [2]
제10권	5. 화장세계품華藏世界品 [3]		제25권	25. 십회향품十廻向品 [3]
제11권	6. 비로자나품毘盧遮那品		제26권	25. 십회향품十廻向品 [4]
제12권	7. 여래명호품如來名號品		제27권	25. 십회향품十廻向品 [5]
	8. 사성제품四聖諦品		제28권	25. 십회향품十廻向品 [6]
제13권	9. 광명각품光明覺品		제29권	25. 십회향품十廻向品 [7]
	10. 보살문명품菩薩問明品		제30권	25. 십회향품十廻向品 [8]
제14권	11. 정행품淨行品		제31권	25. 십회향품十廻向品 [9]
	12. 현수품賢首品 [1]		제32권	25. 십회향품十廻向品 [10]
제15권	12. 현수품賢首品 [2]		제33권	25. 십회향품十廻向品 [11]
제16권	13. 승수미산정품昇須彌山頂品		제34권	26. 십지품十地品 [1]
	14. 수미정상게찬품須彌頂上偈讚品		제35권	26. 십지품十地品 [2]
	15. 십주품十住品		제36권	26. 십지품十地品 [3]
제17권	16. 범행품梵行品		제37권	26. 십지품十地品 [4]
	17. 초발심공덕품初發心功德品		제38권	26. 십지품十地品 [5]

제39권	26. 십지품+地品 [6]		제58권	38. 이세간품離世間品 [6]
제40권	27. 십정품+定品 [1]		제59권	38. 이세간품離世間品 [7]
제41권	27. 십정품+定品 [2]		제60권	39. 입법계품入法界品 [1]
제42권	27. 십정품+定品 [3]		제61권	39. 입법계품入法界品 [2]
제43권	27. 십정품+定品 [4]		제62권	39. 입법계품入法界品 [3]
제44권	28. 십통품+通品		제63권	39. 입법계품入法界品 [4]
	29. 십인품+忍品		**제64권**	**39. 입법계품入法界品 [5]**
제45권	30. 아승지품阿僧祇品		제65권	39. 입법계품入法界品 [6]
	31. 여래수량품如來壽量品		제66권	39. 입법계품入法界品 [7]
	32. 보살주처품菩薩住處品		제67권	39. 입법계품入法界品 [8]
제46권	33. 불부사의법품佛不思議法品 [1]		제68권	39. 입법계품入法界品 [9]
제47권	33. 불부사의법품佛不思議法品 [2]		제69권	39. 입법계품入法界品 [10]
제48권	34. 여래십신상해품如來+身相海品		제70권	39. 입법계품入法界品 [11]
	35. 여래수호광명공덕품 如來隨好光明功德品		제71권	39. 입법계품入法界品 [12]
			제72권	39. 입법계품入法界品 [13]
제49권	36. 보현행품普賢行品		제73권	39. 입법계품入法界品 [14]
제50권	37. 여래출현품如來出現品 [1]		제74권	39. 입법계품入法界品 [15]
제51권	37. 여래출현품如來出現品 [2]		제75권	39. 입법계품入法界品 [16]
제52권	37. 여래출현품如來出現品 [3]		제76권	39. 입법계품入法界品 [17]
제53권	38. 이세간품離世間品 [1]		제77권	39. 입법계품入法界品 [18]
제54권	38. 이세간품離世間品 [2]		제78권	39. 입법계품入法界品 [19]
제55권	38. 이세간품離世間品 [3]		제79권	39. 입법계품入法界品 [20]
제56권	38. 이세간품離世間品 [4]		제80권	39. 입법계품入法界品 [21]
제57권	38. 이세간품離世間品 [5]		제81권	40. 보현행원품普賢行願品

대방광불화엄경 강설 제64권

三十九. 입법계품 入法界品 5

【 지말법회의 53선지식 】
【 십주위 선지식 】

8. 휴사우바이 ································15
　1) 휴사우바이를 뵙고 법을 묻다 ················15
　　(1) 선지식을 생각하며 선지식을 찾다 ··········15
　　(2) 장엄동산 ······························18
　　　1> 장엄동산의 장엄 ····················18
　　　2> 장엄동산의 궁전 장엄 ················25
　　　3> 백만으로 장엄된 장엄동산 ············28
　　(3) 휴사우바이 ····························32
　　(4) 선재동자가 법을 묻다 ····················37
　2) 휴사우바이가 법을 설하다 ····················38
　　(1) 시방의 부처님이 법을 설하다 ··············38

(2) 나는 한량없는 겁 전에 보리심을 발하였다 ·············43
  (3) 보살의 도는 한량이 없다 ·············47
  (4) 보살이 보리심을 발한 까닭 ·············51
 3) 자기는 겸손하고 다른 이의 수승함을 추천하다 ·············68
 4) 다음 선지식 찾기를 권유하다 ·············71
 5) 수행의 어려움을 생각하다 ·············72

9. 비목구사선인 ·············75
 1) 비목구사선인을 뵙고 법을 묻다 ·············75
  (1) 열 가지 마음을 내면서 선지식을 찾다 ·············75
  (2) 큰 숲의 장엄과 비목구사선인 ·············77
  (3) 선지식을 찬탄하고 법을 묻다 ·············80
 2) 선재동자를 찬탄하다 ·············86
  (1) 비목구사선인이 찬탄하다 ·············86
  (2) 여러 신선들이 찬탄하다 ·············90
  (3) 보리심 발한 것을 인정하다 ·············95
 3) 무승당해탈의 경계를 보이다 ·············96
 4) 자기는 겸손하고 다른 이의 수승함을 추천하다 ·············105
 5) 다음 선지식 찾기를 권유하다 ·············108

10. 승열바라문 ···111

  1) 승열바라문을 뵙고 법을 묻다 ····································111

    (1) 무승당해탈의 법력 ··111

    (2) 선재동자가 바라문을 친견하고 법을 묻다 ···········116

  2) 승열바라문이 법을 설하다 ···119

    (1) 몸을 불구덩이에 던지기를 권유하다 ··················119

    (2) 선재동자가 선지식을 의심하다 ···························120

    (3) 수승한 인연을 들어 권유하여 이끌다 ·················123

      1〉 범천이 승열바라문을 찬탄하다 ·····················123

      2〉 마의 무리가 승열바라문을 찬탄하다 ············127

      3〉 자재천왕이 승열바라문을 찬탄하다 ·············129

      4〉 화락천왕이 승열바라문을 찬탄하다 ·············132

      5〉 도솔천왕이 승열바라문을 찬탄하다 ·············135

      6〉 삼십삼천이 승열바라문을 찬탄하다 ·············137

      7〉 용왕이 승열바라문을 찬탄하다 ·····················141

      8〉 야차왕이 승열바라문을 찬탄하다 ·················143

      9〉 건달바왕이 승열바라문을 찬탄하다 ·············145

      10〉 아수라왕이 승열바라문을 찬탄하다 ···········147

      11〉 가루라왕이 승열바라문을 찬탄하다 ···········149

      12〉 긴나라왕이 승열바라문을 찬탄하다 ···········152

13〉 욕계천이 승열바라문을 찬탄하다 ·············156

14〉 선재동자가 참회하다 ························158

15〉 승열바라문이 선재동자에게 게송을 설하다 ········159

3) 선재동자가 칼산에 올라 불구덩이에 몸을 던지다 ·········161

4) 자신은 겸손하고 다른 이의 수승함을 추천하다 ···········163

5) 다른 선지식 찾기를 권유하다 ·······················165

대방광불화엄경 강설

제64권

三十九. 입법계품 5

문수지남도 제8, 선재동자가 휴사우바이를 친견하다.

8. 휴사우바이 休捨優婆夷

제7 불퇴주不退住 선지식

1) 휴사우바이를 뵙고 법을 묻다

(1) 선지식을 생각하며 선지식을 찾다

爾時_에 善財童子_가 蒙善知識力_{하며} 依善知識
敎_{하며} 念善知識語_{하고} 於善知識_에 深心愛樂_{하야}
作是念言_{호대}

그때에 선재동자가 선지식의 힘을 입고 선지식의 가르침을 의지하여 선지식의 말을 생각하면서 선지식에게 깊이 사랑하는 마음을 내어 이렇게 생각하였습니다.

앞서 해당비구 선지식에게서 불가사의한 광경을 보았고,

그 감동이 채 가시기도 전에 휴사우바이休捨優婆夷라는 새로운 선지식을 찾아가는 길이다. 선재동자의 마음속에는 온통 선지식에 대한 생각뿐이다. 선지식의 힘을 입고, 선지식의 가르침에 의지하여, 선지식의 말을 생각하면서, 선지식에게 깊이 사랑하는 마음을 낼 뿐이다.

因善知識하야 **令我見佛**이며 **因善知識**하야 **令我聞法**이라

'선지식은 나로 하여금 부처님을 보게 하고, 선지식은 나로 하여금 법을 듣게 하였도다.

선지식은 우리에게 무엇을 안내하는 사람인가. 선지식으로 인하여 첫째 부처님을 알게 되고, 부처님을 보게 되고, 부처님께 귀의하게 되었다. 다음으로는 부처님의 가르침을 듣게 되고, 알게 되고, 보게 되고, 깨닫게 되고, 실천하게 되었다. 그 외에 달리 무엇이 있겠는가.

善知識者는 是我師傅이니 示導於我諸佛法故며
善知識者는 是我眼目이니 令我見佛如虛空故며
善知識者는 是我津濟니 令我得入諸佛如來蓮華池故라하고 漸漸南行하야 至海潮處하나니라

 선지식은 나의 스승이니 나에게 모든 부처님의 법을 보여 준 연고며, 선지식은 나의 안목이니 나에게 부처님 보기를 허공과 같이 하게 한 연고며, 선지식은 나의 나룻목이니 나로 하여금 모든 부처님 여래의 연꽃 연못에 들어가게 하는 연고이니라.'라고 하면서 점점 남쪽으로 가서 해조海潮라는 곳에 이르렀습니다.

 선지식이란 나에게 불법을 보여 주고 인도하는 스승이요, 선지식이란 나에게 부처님 보기를 허공과 같이 하게 하는 뛰어난 안목이요, 선지식이란 나로 하여금 모든 부처님 여래의 연못에 들어가게 하는 나룻목이다.

(2) 장엄莊嚴동산

1〉 장엄동산의 장엄

見普莊嚴園하니 **衆寶垣牆**이 **周帀圍繞**하며 **一切寶樹**가 **行列莊嚴**하며 **一切寶華樹**가 **雨衆妙華**하야 **布散其地**하며

견보장엄원 중보원장 주잡위요 일체보수 항렬장엄 일체보화수 우중묘화 포산기지

장엄동산을 두루 살펴보니 온갖 보배로 된 담장이 둘리었는데 일체 보배 나무는 열을 지어 장엄하고, 일체 보배 꽃 나무는 온갖 아름다운 꽃을 비처럼 내리어 땅에 흩었습니다.

휴사우바이라는 선지식이 머무는 곳의 풍광을 그리고 있다. 온갖 보배로 담장이 되었고, 보배 나무는 열을 지어 장엄하였고, 보배 꽃 나무는 온갖 아름다운 꽃을 비처럼 내리어 땅에 흩었다. 얼마나 화려하고 아름다운가. 이 또한 화엄심華嚴心의 표현이다. 아름다운 광경은 아래에 계속된다.

一切寶香樹가 香氣氛氳하야 普熏十方하며 一切寶鬘樹가 雨大寶鬘하야 處處垂下하며

일체 보배 향 나무는 향기가 자욱하게 시방에 널리 풍기고, 일체 보배 화만 나무는 큰 보배 화만을 비처럼 내리어 곳곳에 드리웠습니다.

一切摩尼寶王樹가 雨大摩尼寶하야 徧布充滿하며 一切寶衣樹가 雨種種色衣하야 隨其所應하야 周帀敷布하며

일체 마니보배왕 나무는 큰 마니보배를 비처럼 내리어 널리 퍼져 가득하고, 일체 보배 옷 나무는 가지각색 옷을 비처럼 내리어 알맞은 바를 따라 두루 널렸습니다.

一切音樂樹가 風動成音에 其音美妙하야 過於
天樂하며 一切莊嚴具樹가 各雨珍玩奇妙之物하야
處處分布하야 以爲嚴飾하니라

일체 음악 나무는 바람을 따라 내는 음악이 매우 아름답기가 하늘의 음악보다 훨씬 훌륭하며, 일체 장엄거리 나무는 각각 진귀하고 기묘한 물건을 비처럼 내리어 곳곳마다 널리어 장엄하였습니다.

其地淸淨하야 無有高下하며 於中에 具有百萬殿
堂하니 大摩尼寶之所合成이며 百萬樓閣이 閻浮檀
金으로 以覆其上하며

그 땅은 청정하여 높고 낮음이 없는데, 그 가운데는 백만 전당이 있으니 큰 마니보배로 합하여 만들어졌고,

백만 누각에는 염부단금이 그 위에 덮이었습니다.

百萬宮殿이 毘盧遮那摩尼寶로 間錯莊嚴하며
(백만 궁전   비로자나마니보   간착장엄)

一萬浴池가 衆寶合成하야 七寶欄楯이 周帀圍繞하고
(일만 욕지   중보합성   칠보난순   주잡위요)

七寶階道가 四面分布하며
(칠보계도   사면분포)

백만 궁전은 비로자나 마니보배로 사이사이를 장엄하였고, 일만의 목욕하는 못은 온갖 보배로 합하여 되었고, 칠보로 된 난간이 두루 둘리었으며, 칠보로 된 계단길이 사면으로 널려 있었습니다.

칠보七寶는 범어로 Sapta-ratna라 한다. 일곱 가지 보석으로서 ① 금金 ② 은銀 ③ 유리(瑠璃, 검푸른 보옥) ④ 파려(玻瓈, 수정) ⑤ 자거(硨磲, 백산호) ⑥ 적주(赤珠, 적진주) ⑦ 마노(瑪瑙, 짙은 녹색의 보옥)이다. 이것은 아미타경에 있는 말이며, 법화경 견보탑품見寶塔品에는 파려 대신에 매괴玫瑰가 들어 있다.

八功德水가 湛然盈滿하야 其水香氣가 如天栴
檀하고 金沙布底하야 水淸寶珠가 周徧間錯하며

팔공덕수　담연영만　기수향기　여천전
단　금사포저　수청보주　주변간착

　여덟 가지 공덕을 가진 물이 맑고 가득하였는데 물의 향기가 하늘의 전단과 같으며, 금모래가 밑에 깔리고 물을 맑히는 보배 구슬이 사이사이 장식되었습니다.

　팔공덕수八功德水란 여덟 가지 공덕을 갖추고 있는 물이다. 여덟 가지 공덕은 경에 따라 같지 않은데 ① 칭찬정토경에는 고요하고 깨끗함·차고 맑은 것·맛이 단 것·입에 부드러운 것·윤택한 것·편안하고 화평한 것·기갈 등의 한량없는 근심을 없애 주는 것·여러 근根을 잘 길러 주는 것이라 하였고 ② 구사론에는 달고·차고·부드럽고·가볍고·깨끗하고·냄새가 없고·마실 때 목이 상하는 일이 없고·마시고 나서 배탈이 나는 일이 없는 것이라 하였다.

부안공작   구지라조   유희기중   출화아
鳧鴈孔雀과 俱枳羅鳥가 遊戲其中하야 出和雅
음
音하며

오리와 기러기와 공작과 구지라 새들이 그 속에서 놀며 화평하고 청아한 소리를 내었습니다.

보다라수   주잡항렬   부이보망   수제금
寶多羅樹가 周帀行列하야 覆以寶網하고 垂諸金
령   미풍서요   항출미음
鈴하야 微風徐搖에 恒出美音하며

보배 다라 나무가 주위로 행렬을 지어 섰는데, 보배 그물이 덮이고 금으로 만든 풍경을 달아서 미풍이 불면 천천히 흔들려 항상 아름다운 소리를 내었습니다.

시대보장   보수위요   건립무수마니보
施大寶帳하야 寶樹圍繞하며 建立無數摩尼寶

幢하야 光明普照百千由旬하며

큰 보배 휘장을 둘러치고 보배 나무가 둘러섰으며, 무수한 마니보배 당기를 세워서 백천 유순까지 광명이 비치었습니다.

其中에 復有百萬陂池하니 黑栴檀泥가 凝積其底하고 一切妙寶로 以爲蓮華하야 敷布水上하고 大摩尼華가 光色照耀하나니라

그 가운데 또 백만 못이 있는데 검은 전단 앙금이 그 밑에 깔리고, 여러 가지 기묘한 보배로 연꽃이 되어 물 위에 덮이었으며, 큰 마니보배 꽃에서는 빛이 찬란하였습니다.

휴사우바이 선지식이 머무는 장엄동산의 장엄을 열거하였는데 그 아름답고 화려함을 더 이상 중언부언할 수 없다.

역시 모두가 화엄심華嚴心의 한 표현이다.

2) 장엄동산의 궁전 장엄

園中에 **復有廣大宮殿**하니 **名莊嚴幢**이라 **海藏妙寶**로 **以爲其地**하고 **毘瑠璃寶**로 **以爲其柱**하고 **閻浮檀金**으로 **以覆其上**하고 **光藏摩尼**로 **以爲莊嚴**하고

동산 안에 또 광대한 궁전이 있으니 이름이 장엄당莊嚴幢입니다. 묘한 해장보배[海藏寶]로 땅이 되고, 비유리毘瑠璃 보배로 기둥이 되고, 염부단금이 위에 덮이고 광장光藏 마니로 장엄하였습니다.

앞에서는 장엄동산의 장엄을 밝혔고, 이제 장엄동산에 있는 궁전의 장엄을 밝힌다. 어찌 보면 사람의 삶이란 장엄인 것 같다. 재산도 명예도 가족도 도반도 모두가 자신의 주변을 보기 좋게 장엄하는 일이다. 사찰을 얼마나 꾸미려 하며,

집안을 얼마나 꾸미려고 하는가. 지식을 쌓고 능력을 쌓는 것 역시 그 사람의 장엄이다.

화엄이라는 말도 꽃으로 환경을 장엄하듯이 꽃과 같이 아름다운 이타행과 보살행으로 세상을 맑고 향기롭게 장엄한다는 뜻이다. 그러므로 휴사우바이 선지식이 아무리 장엄하더라도 그 의미를 알면 결코 지나친 것이 아니다.

無數寶王_이 光焰熾然_{하고} 重樓挾閣_{으로} 種種莊飾_{하고} 阿盧那香王_과 覺悟香王_이 皆出妙香_{하야} 普熏一切_{하며}

무수한 보배는 빛이 찬란하여 누각과 대청에 갖가지로 꾸미었고, 아로나 향과 각오(覺悟) 향에서 미묘한 향기를 풍겨 모든 것에 널리 퍼졌습니다.

기궁전중　부유무량보연화좌가　주회포열하니
其宮殿中에 **復有無量寶蓮華座**가 **周迴布列**하니

소위조요시방마니보연화좌　비로자나마니
所謂照耀十方摩尼寶蓮華座와 **毘盧遮那摩尼**

보연화좌　조요세간마니보연화좌　묘장마니
寶蓮華座와 **照耀世間摩尼寶蓮華座**와 **妙藏摩尼**

보연화좌
寶蓮華座와

　그 궁전 안에 다시 한량없는 보배 연꽃 자리가 돌아가며 놓였으니, 이른바 시방에 환하게 비치는 마니보배 연꽃 자리와, 비로자나 마니보배 연꽃 자리와, 세간을 환히 비추는 마니보배 연꽃 자리와, 묘장妙藏 마니보배 연꽃 자리와,

사자장마니보연화좌　이구장마니보연화
獅子藏摩尼寶蓮華座와 **離垢藏摩尼寶蓮華**

좌　보문마니보연화좌　광엄마니보연화좌
座와 **普門摩尼寶蓮華座**와 **光嚴摩尼寶蓮華座**와

안주대해장청정마니왕보연화좌　금강사자
安住大海藏淸淨摩尼王寶蓮華座와 **金剛獅子**

마니보연화좌
摩尼寶蓮華座하니라

　사자장獅子藏 마니보배 연꽃 자리와, 이구장離垢藏 마니보배 연꽃 자리와, 넓은 문 마니보배 연꽃 자리와, 광엄光嚴 마니보배 연꽃 자리와, 큰 바다에 머무는 장 청정 마니보배 연꽃 자리와, 금강사자 마니보배 연꽃 자리였습니다.

3〉 백만으로 장엄된 장엄동산

　원중　　부유백만종장　　소위의장　　만장
園中에 **復有百萬種帳**하니 **所謂衣帳**과 **鬘帳**과

향장　　화장　　지장　　마니장　　진금장　　장엄구
香帳과 **華帳**과 **枝帳**과 **摩尼帳**과 **眞金帳**과 **莊嚴具**

장　　음악장　　상왕신변장　　마왕신변장　　제석
帳과 **音樂帳**과 **象王神變帳**과 **馬王神變帳**과 **帝釋**

소착마니보장　　여시등기수백만
所着摩尼寶帳이니 **如是等其數百萬**이며

동산 가운데에는 또 백만 가지 휘장이 있으니, 이른바 옷 휘장과, 화만 휘장과, 향 휘장과, 꽃 휘장과, 가지 휘장과, 마니 휘장과, 진금 휘장과, 장엄거리 휘장과, 음악 휘장과, 코끼리 신통변화 휘장과, 말 신통변화 휘장과, 제석이 두른 마니보배 휘장이니, 이와 같은 등의 수효가 백만이었습니다.

有百萬大寶網이 彌覆其上하니 所謂寶鈴網과 寶蓋網과 寶身網과 海藏眞珠網과 紺瑠璃摩尼寶網과 獅子摩尼網과 月光摩尼網과 種種形像衆香網과 寶冠網과 寶瓔珞網이니 如是等其數百萬이며

백만 가지 큰 보배 그물이 그 위에 덮이었으니, 이른바 보배 풍경 그물과, 보배 일산 그물과, 보배 몸 그물과, 해장진주 그물과, 연보라빛 유리 마니보배 그물과, 사자마니 그물과, 월광月光마니 그물과, 갖가지 형상 온

갖 향 그물과, 보배 관 그물과, 보배 영락 그물이니, 이와 같은 등의 수효가 백만이었습니다.

有百萬大光明之所照耀하니 所謂焰光摩尼寶光明과 日藏摩尼寶光明과 月幢摩尼寶光明과 香焰摩尼寶光明과 勝藏摩尼寶光明과 蓮華藏摩尼寶光明과 焰幢摩尼寶光明과 大燈摩尼寶光明과 普照十方摩尼寶光明과 香光摩尼寶光明과 如是等其數百萬이며

백만 가지 큰 광명으로 비추었으니, 이른바 불꽃빛 마니보배 광명과, 일장日藏 마니보배 광명과, 월당月幢 마니보배 광명과, 향 불꽃 마니보배 광명과, 승장勝藏 마니보배 광명과, 연화장 마니보배 광명과, 염당焰幢 마니보

배 광명과, 큰 등불 마니보배 광명과, 시방에 비치는 마니보배 광명과, 향빛 마니보배 광명이니, 이와 같은 등의 수효가 백만이었습니다.

常雨百萬莊嚴具하니 百萬黑栴檀香이 出妙音聲하고 百萬出過諸天曼陀羅華로 而以散之하고 百萬出過諸天瓔珞으로 以爲莊嚴하고 百萬出過諸天妙寶鬘帶로 處處垂下하고 百萬出過諸天衆色妙衣와 百萬雜色摩尼寶가 妙光普照하며

항상 백만 가지 장엄거리와 백만 가지 흑 전단향을 비처럼 내리니 거기에서 묘한 음성이 나고, 하늘 만다라보다 더 좋은 백만 가지 만다라 꽃을 흩고, 하늘 영락보다 더 좋은 백만 가지 영락으로 장엄하고, 하늘 화만보다 더 좋은 백만 가지 보배 화만띠를 곳곳에 드리우

고, 하늘 옷보다 더 좋은 백만 가지 온갖 빛깔 옷과 백만 가지 잡색 마니보배에서는 미묘한 빛이 널리 비치었습니다.

百萬天子가 欣樂瞻仰하야 頭面作禮하고 百萬
(백만천자) (흔락첨앙) (두면작례) (백만)

婇女가 於虛空中에 投身而下하고 百萬菩薩이 恭
(채녀) (어허공중) (투신이하) (백만보살) (공)

敬親近하야 常樂聞法하니라
(경친근) (상락문법)

백만 천자는 즐겁게 앙모하여 엎드려 절하고, 백만 채녀들은 허공에서 몸을 던져 내려오고, 백만 보살은 공경하고 친근하면서 항상 법문 듣기를 좋아하였습니다.

(3) 휴사우바이

時에 休捨優婆夷가 坐眞金座하사 戴海藏眞珠
(시) (휴사우바이) (좌진금좌) (대해장진주)

망관　　괘출과제천진금보천　　수감청발
網冠하고 **挂出過諸天眞金寶釧**하고 **垂紺靑髮**하야

대 마 니 망　　　장 엄 기 수
大摩尼網으로 **莊嚴其首**하고

　이때에 휴사우바이는 진금 자리에 앉아서 해장진주 그물 관을 쓰고, 하늘 것보다 더 좋은 진금 팔찌를 끼고, 검푸른 머리카락을 드리우고, 큰 마니그물로 머리를 장엄하였습니다.

　앞에서 휴사우바이가 머무는 장엄동산과 궁전과 궁전의 백만 가지 장엄을 밝혔고, 드디어 주인공인 휴사우바이가 등장하였다. 그가 머무는 환경의 장엄이 이와 같은데 주인공의 장엄이야 또 어떠하겠는가. 하나하나 빠뜨리지 말고 잘 살펴보며 감상할 일이다.

사 자 구 마 니 보　　이 위 이 당　　여 의 마 니 보 왕
獅子口摩尼寶로 **以爲耳璫**하고 **如意摩尼寶王**

이위영락   일체보망   수부기신   백천
으로 **以爲瓔珞**하고 **一切寶網**으로 **垂覆其身**하사 **百千**

억 나 유 타 중 생   곡 궁 공 경
億那由他衆生이 **曲躬恭敬**하며

사자구獅子口 마니보배로 귀걸이를 하였고, 여의 마니 보배로 영락을 만들고, 온갖 보배 그물로 몸을 덮어 드리웠는데, 백천억 나유타 중생이 허리를 굽혀 공경하였습니다.

동방   유무량중생   내예기소   소위범천
東方에 **有無量衆生**이 **來詣其所**하니 **所謂梵天**

범중천   대범천   범보천   자재천   내지일
과 **梵衆天**과 **大梵天**과 **梵輔天**과 **自在天**과 **乃至一**

체인급비인   남서북방   사유상하   개역여
切人及非人이며 **南西北方**과 **四維上下**도 **皆亦如**

시
是하니라

동방에서 한량없는 중생이 모여 왔으니, 이른바 범천과 범중천과 대범천과 범보천과 자재천이며, 내지 사

람과 사람 아닌 이들이요, 남방과 서방과 북방과 네 간방과 상방과 하방도 모두 역시 이와 같았습니다.

동서남북과 사유상하에서 한량없는 중생들이 휴사우바이가 있는 곳으로 모여들었다.

其有見此優婆夷者면 一切病苦가 悉得除滅하며 離煩惱垢하며 拔諸見刺하며 摧障礙山하며 入於無礙淸淨境界하며 增明一切所有善根하며 長養諸根하며

이 우바이를 보는 이는 모든 병이 다 없어지고, 번뇌의 때를 여의고, 모든 나쁜 소견을 뽑아 버렸으며, 장애의 산을 부수고, 걸림 없이 청정한 경계에 들어가며, 모든 착한 뿌리를 더욱 밝히고, 모든 감관[根]을 성장시켰습니다.

入一切智慧門하며 入一切總持門하며 一切三昧門과 一切大願門과 一切妙行門과 一切功德門이 皆得現前하며 其心廣大하야 具足神通하며 身無障礙하야 至一切處하나라

일체 지혜의 문에 들어가고, 일체 다라니문에 들어가며, 일체 삼매문과 일체 큰 서원문과 일체 미묘한 수행문과 일체 공덕문이 모두 앞에 나타나며, 그 마음이 광대하고 신통을 구족하며, 몸에는 장애가 없어 모든 곳에 이르는 것이었습니다.

동서남북과 사유상하에서 한량없는 중생들이 휴사우바이가 있는 곳으로 모여왔는데, 휴사우바이를 친견하는 이는 모두 모든 병이 없어지고, 번뇌의 때를 여의고, 모든 나쁜 소견을 뽑아 버렸으며, 장애의 산을 부수는 등 큰 이익을 얻었다.

(4) 선재동자가 법을 묻다

爾時_에 善財童子_가 入普莊嚴園_{하야} 周徧觀察_{하야} 見休捨優婆夷_가 坐於妙座_{하고} 往詣其所_{하야} 頂禮其足_{하며} 繞無數帀_{하고} 白言_{호대}

그때에 선재동자는 두루 장엄동산에 들어가 널리 살피다가 휴사우바이가 미묘한 자리에 앉은 것을 보고 그곳에 나아가 그의 발에 절하고 수없이 돌고 말하였습니다.

聖者_여 我已先發阿耨多羅三藐三菩提心_{호니} 而未知菩薩_이 云何學菩薩行_{이며} 云何修菩薩道_{리잇고} 我聞聖者_는 善能誘誨_{라하니} 願爲我說_{하소서}

"거룩하신 이여, 저는 이미 아뇩다라삼먁삼보리심을

내었으나 보살이 어떻게 보살의 행을 배우며 어떻게 보살의 도를 닦는지를 알지 못합니다. 들으니 거룩하신 이께서 잘 가르치신다 하오니 원컨대 저에게 말씀하여 주십시오."

드디어 선재동자가 휴사우바이 선지식에게 법을 물었다. 선재동자의 질문은 언제나 그렇듯이 보살행과 보살도에 대한 것이다. 이 질문은 실은 선재동자만의 것이 아니라 모든 불자들의 한결같은 질문이어야 한다.

2) 휴사우바이가 법을 설하다

(1) 시방의 부처님이 법을 설하다

休捨가 告言하사대 善男子야 我唯得菩薩의 一解
脫門호니 若有見聞憶念於我어나 與我同住어나 供

급 아 자　　　실 부 당 연
給我者면 **悉不唐捐**이니라

　휴사우바이가 말하였습니다. "선남자여, 나는 오직 보살의 한 해탈문을 얻었으니, 만약 어떤 이가 나를 보거나 듣거나 생각하거나 나와 함께 머물거나 나에게 이바지하는 이는 모두 헛되지 아니할 것입니다."

　휴사우바이는 한 해탈문을 얻었는데 그것은 만약 자신을 보거나 듣거나 기억하거나 함께 머물거나 자신에게 이바지한다면 결코 헛되지 않고 많은 공덕이 있으리라는 내용의 해탈문이라는 것을 밝혔다.

　선 남 자　약 유 중 생　부 종 선 근　　불 위 선 우
善男子야 **若有衆生**이 **不種善根**이면 **不爲善友**
지 소 섭 수　　불 위 제 불 지 소 호 념　　시 인　종 부
之所攝受며 **不爲諸佛之所護念**이니 **是人**은 **終不**
득 견 어 아
得見於我니라

"선남자여, 만일 어떤 중생이 선근을 심지 못하면 선지식의 거두어 줌을 받지 못하고, 모든 부처님의 보호함이 되지 아니함이니, 이 사람은 마침내 나를 보지 못할 것입니다."

선근을 심지 못하면 선지식을 만나도 선지식이 거두어 주지 못할 것이고, 부처님이 보호하시지도 못할 것이고, 나아가서 휴사우바이 선지식을 친견하지도 못할 것이고, 화엄경도 만나지 못할 것이다. 요컨대 불법은 선근이다. 선근이 있어야 일체 불법이 눈에 보이고 마음에 들어온다.

선남자 기유중생 득견아자 개어아뇩다
善男子야 **其有衆生**이 **得見我者**면 **皆於阿耨多**

라삼먁삼보리 획불퇴전
羅三藐三菩提에 **獲不退轉**이니라

"선남자여, 그 어떤 중생이 나를 보기만 하면 모두 아뇩다라삼먁삼보리에서 물러나지 아니함을 얻을 것입니다."

善男子야 東方諸佛이 常來至此하야 處於寶座하사 爲我說法하며 南西北方과 四維上下의 一切諸佛도 悉來至此하야 處於寶座하사 爲我說法하나니

"선남자여, 동방의 모든 부처님들이 항상 여기 오셔서 보배 자리에 앉아 나를 위해 법을 말씀하시며, 남방 서방 북방과 네 간방과 상방과 하방에 계시는 일체 모든 부처님들도 다 여기 오셔서 보배 자리에 앉아 나를 위하여 법을 말씀하십니다."

善男子야 我常不離見佛聞法하고 與諸菩薩로 而共同住하노라

"선남자여, 나는 항상 부처님을 보고 법을 들음을 떠나지 않고 여러 보살들과 함께 같이 머무릅니다."

선남자 아차대중   유팔만사천억나유타
善男子야 **我此大衆**이 **有八萬四千億那由他**하니

개재차원   여아동행   실어아뇩다라삼먁
皆在此園하야 **與我同行**하야 **悉於阿耨多羅三藐**

삼보리   득불퇴전   기여중생   주차원자
三菩提에 **得不退轉**하며 **其餘衆生**이 **住此園者**도

역개보입불퇴전위
亦皆普入不退轉位니라

"선남자여, 나의 이 대중은 팔만 사천억 나유타가 있는데 모두 이 동산에서 나와 함께 수행하며, 아뇩다라삼먁삼보리에서 물러나지 아니하고, 다른 중생들도 이 동산에 있는 이는 또한 다 물러나지 않는 지위에 널리 들어갑니다."

시방의 부처님이 휴사우바이를 위해서 법을 설한다고 하였다. 또 항상 부처님을 보고 법을 들음을 떠나지 않고, 여러 보살들과 함께 같이 머무른다고도 하였다. 또 팔만 사천억 나유타의 대중이 있는데 모두 이 동산에서 함께 수행한다고도 하였다. 이 모든 것은 휴사우바이가 스스로 수용하는

법의 경계이다. 누가 오거나 가거나 하는 일이 따로 있는 것이 아니다.

(2) 나는 한량없는 겁 전에 보리심을 발하였다

善財가 白言호대 聖者의 發阿耨多羅三藐三菩提心이 爲久近耶잇가 答言하사대 善男子야 我憶過去於燃燈佛所에 修行梵行하야 恭敬供養하고 聞法受持하며

선재동자가 말하였습니다. "거룩하신 이께서 아뇩다라삼먁삼보리심을 낸 지는 얼마나 오래되었습니까?" 휴사우바이가 대답하였습니다. "선남자여, 나는 과거 연등燃燈 부처님에게서 범행梵行을 닦았고 공경하고 공양하면서 법문을 듣고 받아 지녔습니다."

연등燃燈 부처님은 석가모니 부처님이 전세에 보살로 있

을 적에 이 부처님에게서 "미래세에 반드시 성불하리라."는 수기授記를 받았다고 하여 과거의 스승이라고 한다. 그런데 휴사우바이 선지식은 수많은 부처님에게 출가하여 도를 배우고 정법을 받아 지니게 된 사연을 기억하면서 맨 먼저 친견하여 범행을 닦고 공경하고 공양하면서 법문을 듣고 받아 지녔다고 하였다.

次前於離垢佛所에 出家學道하야 受持正法하며

"그 전에는 이구離垢 부처님에게 출가하여 도를 배우며 바른 법을 받아 지녔고,

次前於妙幢佛所하며 次前於勝須彌佛所하며
次前於連華德藏佛所하며 次前於毘盧遮那佛所

次前於普眼佛所하며 次前於梵壽佛所하며 次前於金剛臍佛所하며 次前於婆樓那天佛所호라

그 전에는 묘당妙幢 부처님에게서, 그 전에는 승수미勝須彌 부처님에게서, 그 전에는 연화덕장蓮華德藏 부처님에게서, 그 전에는 비로자나毘盧遮那 부처님에게서, 그 전에는 보안普眼 부처님에게서, 그 전에는 범수梵壽 부처님에게서, 그 전에는 금강제金剛臍 부처님에게서, 그 전에는 바루나천婆樓那天 부처님에게서 배우던 것을 기억합니다."

善男子야 我憶過去於無量劫無量生中에 如是次第三十六恒河沙佛所에 皆悉承事하야 恭敬供養하며 聞法受持하야 淨修梵行호니 於此已往은

불 지 소 지　　비 아 능 측
佛智所知라 **非我能測**이니라

"선남자여, 나는 과거의 한량없는 겁 동안 한량없이 태어나면서 이와 같이 차례차례 삼십육 항하강의 모래 수 부처님 계신 데서 받들어 섬기고 공경하고 공양하며 법을 듣고 받아 지니고 범행을 청정하게 닦던 일을 기억하거니와, 그 이전의 일은 부처님의 지혜로나 알 것이고 나로서는 헤아릴 수 없습니다."

　과거에 열 부처님에게서 수행하고 정법을 듣고 받아 지닌 것을 모두 열거하였다. 역시 원만하다는 뜻을 드러낸 숫자이다. 어찌 반드시 열 부처님뿐이겠는가. 만약 삼십육 항하강의 모래 수 부처님의 이름을 다 기록한다면 지구상의 종이와 먹을 모두 동원하더라도 턱없이 모자랄 것이다. 이것이 휴사우바이가 아뇩다라삼먁삼보리심을 낸 지 얼마나 오래되었는가를 물은 데 대한 답이다.

　보리심은 시작도 없고 끝도 없다. 보리심은 진여불성이다. 진여불성이 어찌 시작이 있고 끝이 있겠는가. 시작도 없고 끝도 없는 보리심을 미혹한 중생들의 수준에 맞추어 언

제 내었는가라고 물을 뿐이다.

(3) 보살의 도道는 한량이 없다

善男子야 菩薩初發心이 無有量이니 充滿一切
法界故며

"선남자여, 보살의 처음으로 마음을 내는 것이 한량이 없나니, 모든 법계에 충만한 연고입니다."

菩薩大悲門이 無有量이니 普入一切世間故며

"보살의 크게 가엾이 여기는 문이 한량이 없나니, 모든 세간에 널리 들어가는 연고입니다."

菩薩大願門이 無有量이니 究竟十方法界故며

"보살의 큰 서원의 문이 한량이 없나니, 시방법계에 끝까지 이르는 연고입니다."

菩薩大慈門이 無有量이니 普覆一切衆生故며
_{보살대자문 무유량   보부일체중생고}

"보살의 크게 인자한 문이 한량이 없나니, 모든 중생을 널리 덮는 연고입니다."

菩薩所修行이 無有量이니 於一切刹一切劫中에 修習故며
_{보살소수행 무유량   어일체찰일체겁중 수습고}

"보살의 닦는 행이 한량이 없나니, 모든 세계에서 모든 겁 동안에 닦은 연고입니다."

菩薩三昧力이 無有量이니 令菩薩道로 不退故며
_{보살삼매력 무유량   영보살도 불퇴고}

"보살의 삼매의 힘이 한량이 없나니, 보살의 도로 하여금 물러나지 않게 하는 연고입니다."

보살 총 지 력   무 유 량   능 지 일 체 세 간 고
菩薩總持力이 **無有量**이니 **能持一切世間故**며

"보살의 모두 지니는 힘이 한량이 없나니, 모든 세간을 능히 지니는 연고입니다."

보살 지 광 력   무 유 량   보 능 증 입 삼 세 고
菩薩智光力이 **無有量**이니 **普能證入三世故**며

"보살의 지혜 광명의 힘이 한량이 없나니, 세 세상에 능히 증득하여 들어가는 연고입니다."

보살 신 통 력   무 유 량   보 현 일 체 찰 망 고
菩薩神通力이 **無有量**이니 **普現一切剎網故**며

"보살의 신통한 힘이 한량이 없나니, 모든 세계에 널

리 나타나는 연고입니다."

    보살변재력   무유량   일음일체실해고
菩薩辯才力이 **無有量**이니 **一音一切悉解故**며

"보살의 변재의 힘이 한량이 없나니, 한 음성으로 모든 것을 다 이해하게 하는 연고입니다."

    보살청정신   무유량   실변일체불찰고
菩薩清淨身이 **無有量**이니 **悉徧一切佛刹故**니라

"보살의 청정한 몸이 한량이 없나니, 모든 부처님의 세계에 두루 하는 연고입니다."

다음은 보살의 초발심이 한량이 없으며, 보살의 크게 가없이 여기는 문이 한량이 없으며, 보살의 큰 서원의 문이 한량이 없으며, 보살의 크게 인자한 문이 한량이 없는 등을 열거하여 밝혔다.

(4) 보살이 보리심을 발한 까닭

善財童子가 言호대 聖者가 久如에 當得阿耨多
羅三藐三菩提니잇고

선재동자가 말하였습니다. "거룩하신 이여, 얼마나 오래되어야 마땅히 아뇩다라삼먁삼보리를 얻게 됩니까?"

答言하사대 善男子야 菩薩이 不爲敎化調伏一
衆生故로 發菩提心이며 不爲敎化調伏百衆生故
로 發菩提心이며 乃至不爲敎化調伏不可說不可
說轉衆生故로 發菩提心이며

휴사가 대답하였습니다. "선남자여, 보살은 한 중생을 교화하고 조복하기 위하여 보리심을 내는 것이 아니며, 백 중생을 교화하고 조복하기 위하여 보리심을 내는 것이 아니며, 내지 말할 수 없이 말할 수 없는 제곱 중생을 교화하고 조복하기 위하여 보리심을 내는 것이 아닙니다."

불위교화일세계중생고　발보리심　　내지
不爲敎化一世界衆生故로 **發菩提心**이며 **乃至**

불위교화불가설불가설전세계중생고　발보
不爲敎化不可說不可說轉世界衆生故로 **發菩**

리심
提心이며

"한 세계의 중생을 교화하기 위하여 보리심을 내는 것이 아니며, 내지 말할 수 없이 말할 수 없는 제곱 세계의 중생을 교화하기 위하여 보리심을 내는 것이 아닙니다."

불위교화염부제미진수세계중생고　발보
不爲敎化閻浮提微塵數世界衆生故로 **發菩**

提心이며 不爲敎化三千大千世界微塵數世界衆
生故로 發菩提心이며 乃至不爲敎化不可說不可
說轉三千大千世界微塵數世界衆生故로 發菩
提心이며

 "염부제의 미진수 세계 중생을 교화하기 위하여 보리심을 내는 것이 아니며, 삼천대천세계의 미진수 세계 중생을 교화하기 위하여 보리심을 내는 것이 아니며, 내지 말할 수 없이 말할 수 없는 제곱 삼천대천세계의 미진수 세계 중생을 교화하기 위하여 보리심을 내는 것이 아닙니다."

不爲供養一如來故로 發菩提心이며 乃至不爲
供養不可說不可說轉如來故로 發菩提心이며

"한 여래를 공양하기 위하여 보리심을 내는 것이 아니며, 내지 말할 수 없이 말할 수 없는 제곱 여래를 공양하기 위하여 보리심을 내는 것이 아닙니다."

불위공양일세계중차제흥세제여래고 발
不爲供養一世界中次第興世諸如來故로 發

보리심 내지불위공양불가설불가설전세계
菩提心이며 乃至不爲供養不可說不可說轉世界

중차제흥세제여래고 발보리심
中次第興世諸如來故로 發菩提心이며

"한 세계 가운데 차례로 세상에 나시는 모든 여래를 공양하기 위하여 보리심을 내는 것이 아니며, 내지 말할 수 없이 말할 수 없는 제곱 세계 가운데 차례로 세상에 나시는 모든 여래를 공양하기 위하여 보리심을 내는 것이 아닙니다."

불위공양일삼천대천세계미진수세계중차
不爲供養一三千大千世界微塵數世界中次

第興世諸如來故로 **發菩提心**이며 **乃至不爲供養
不可說不可說轉佛刹微塵數世界中次第興世
諸如來故**로 **發菩提心**이며

 "한 삼천대천세계의 미진수 세계 가운데 차례로 세상에 나시는 모든 여래를 공양하기 위하여 보리심을 내는 것이 아니며, 내지 말할 수 없이 말할 수 없는 제곱 부처님 세계 미진수 세계 가운데 차례로 세상에 나시는 모든 여래를 공양하기 위하여 보리심을 내는 것이 아닙니다."

不爲嚴淨一世界故로 **發菩提心**이며 **乃至不爲
嚴淨不可說不可說轉世界故**로 **發菩提心**이며

 "한 세계를 깨끗이 장엄하기 위하여 보리심을 내는 것이 아니며, 내지 말할 수 없이 말할 수 없는 제곱 세계를 깨끗이 장엄하기 위하여 보리심을 내는 것이 아닙니다."

불위엄정일삼천대천세계미진수세계고
不爲嚴淨一三千大千世界微塵數世界故로
발보리심　　내지불위엄정불가설불가설전삼
發菩提心이며 **乃至不爲嚴淨不可說不可說轉三**
천대천세계미진수세계고　발보리심
千大千世界微塵數世界故로 **發菩提心**이며

"한 삼천대천세계의 미진수 세계를 깨끗이 장엄하기 위하여 보리심을 내는 것이 아니며, 내지 말할 수 없이 말할 수 없는 제곱 삼천대천세계의 미진수 세계를 깨끗이 장엄하기 위하여 보리심을 내는 것이 아닙니다."

불위주지일여래유법고　발보리심　　내지
不爲住持一如來遺法故로 **發菩提心**이며 **乃至**
불위주지불가설불가설전여래유법고　발보
不爲住持不可說不可說轉如來遺法故로 **發菩**

리 심
提心이며

"한 여래의 남기신 법을 머물러 지니기 위하여 보리심을 내는 것이 아니며, 내지 말할 수 없이 말할 수 없는 제곱 여래의 남기신 법을 머물러 지니기 위하여 보리심을 내는 것이 아닙니다."

불 위 주 지 일 세 계 여 래 유 법 고   발 보 리 심
不爲住持一世界如來遺法故로 **發菩提心**이며
내 지 불 위 주 지 불 가 설 불 가 설 전 세 계 여 래 유 법
乃至不爲住持不可說不可說轉世界如來遺法
고   발 보 리 심
故로 **發菩提心**이며

"한 세계 여래의 남기신 법을 머물러 지니기 위하여 보리심을 내는 것이 아니며, 내지 말할 수 없이 말할 수 없는 제곱 세계 여래의 남기신 법을 머물러 지니기 위하여 보리심을 내는 것이 아닙니다."

不爲住持一閻浮提微塵數世界如來遺法故_로_ 發菩提心_이며_ 乃至不爲住持不可說不可說轉佛刹微塵數世界如來遺法故_로_ 發菩提心_이며_

"한 염부제 미진수 세계 여래의 남기신 법을 머물러 지니기 위하여 보리심을 내는 것이 아니며, 내지 말할 수 없이 말할 수 없는 제곱 부처님 세계 미진수 세계 여래의 남기신 법을 머물러 지니기 위하여 보리심을 내는 것이 아닙니다."

如是略說不爲滿一佛誓願故_며_ 不爲往一佛國土故_며_ 不爲入一佛衆會故_며_ 不爲持一佛法眼故_며_ 不爲轉一佛法輪故_며_

"이와 같이 간략히 말하면 한 부처님의 서원만을 채

우기 위함이 아닌 연고며, 한 부처님의 국토에만 가기 위함이 아닌 연고며, 한 부처님의 대중에 들기만을 위함이 아닌 연고며, 한 부처님의 법의 눈을 지니기만을 위함이 아닌 연고며, 한 부처님의 법륜을 굴리기만을 위함이 아닌 연고입니다."

불위지일세계중제겁차제고 불위지일중
不爲知一世界中諸劫次第故며 **不爲知一衆**

생심해고 불위지일중생근해고 불위지일중
生心海故며 **不爲知一衆生根海故**며 **不爲知一衆**

생업해고 불위지일중생행해고
生業海故며 **不爲知一衆生行海故**며

"한 세계의 여러 겁의 차례를 알기만을 위함이 아닌 연고며, 한 중생의 마음 바다를 알기만을 위함이 아닌 연고며, 한 중생의 근성 바다를 알기만을 위함이 아닌 연고며, 한 중생의 업의 바다를 알기만을 위함이 아닌 연고며, 한 중생의 수행 바다를 알기만을 위함이 아닌 연고입니다."

불위지일중생번뇌해고 불위지일중생번
不爲知一衆生煩惱海故며 **不爲知一衆生煩**

뇌습해고 내지불위지불가설불가설전불찰
惱習海故며 **乃至不爲知不可說不可說轉佛刹**

미진수중생번뇌습해고 발보리심
微塵數衆生煩惱習海故로 **發菩提心**이요

"한 중생의 번뇌 바다를 알기만을 위함이 아닌 연고며, 한 중생의 번뇌습기煩氣 바다를 알기만을 위함이 아닌 연고며, 내지 말할 수 없이 말할 수 없는 제곱 부처님 세계 미진수 중생의 번뇌습기 바다를 알기만을 위해서 보리심을 낸 것이 아닙니다."

보살이 보리심을 발한 까닭을 밝히는 데 대하여 청량스님은 소疏에서 "글 가운데 세 가지로 분류하니, 하나는 보리심을 발한 것이 제한齊限, 즉 한계가 없음을 반대로 해석하였고, 둘, '일체 중생을 교화하고 조복하고자[欲敎化調伏一切衆生]' 하는 글 아래는 보리심을 발한 것이 제한이 없음을 순리로 해석하였다. 셋째, '선남자여, 보살행이[善男子 菩薩行 普시]' 이하는 다함이 없음을 모두 결론하였다."[1] 라고 하였다. 여기까지의 내용은 보리심을 발한 것이 제한이 없음을 반대로 해석한 것이다. 아래는 순리로 해석하였다.

_{욕 교 화 조 복 일 체 중 생}   _{실 무 여 고}   _{발 보 리}
欲敎化調伏一切衆生하야 **悉無餘故**로 **發菩提**
_심
心이며

"일체 중생을 다 교화하고 조복해서 남음이 없게 하려고 보리심을 낸 것입니다."

_{욕 승 사 공 양 일 체 제 불}   _{실 무 여 고}   _{발 보 리}
欲承事供養一切諸佛하야 **悉無餘故**로 **發菩提**
_심
心이며

"일체 모든 부처님을 다 섬기고 공양하여 남음이 없게 하려고 보리심을 낸 것입니다."

---

1) 文中三 : (一)反釋無齊限 : (二)【欲敎化調伏一切衆生】下, 順釋無齊限 : (三)【善男子. 菩薩行普入】下, 總結無盡.

　　　　욕엄정일체제불국토　　　실무여고　　발보리
　　欲嚴淨一切諸佛國土하야 **悉無餘故**로 **發菩提**

심
心이며

"일체 모든 부처님의 국토를 다 깨끗이 장엄하여 남음이 없게 하려고 보리심을 낸 것입니다."

　　　　욕호지일체제불정교　　　실무여고　　발보리
　　欲護持一切諸佛正教하야 **悉無餘故**로 **發菩提**

심
心이며

"일체 모든 부처님의 바른 가르침을 다 보호하고 지녀 남음이 없게 하려고 보리심을 낸 것입니다."

　　　　욕성만일체여래서원　　　실무여고　　발보리
　　欲成滿一切如來誓願하야 **悉無餘故**로 **發菩提**

심
心이며

"일체 여래의 서원을 다 성취하여 남음이 없게 하려고 보리심을 낸 것입니다."

욕왕일체제불국토　실무여고　발보리심
欲往一切諸佛國土하야 **悉無餘故**로 **發菩提心**이며

"일체 모든 부처님의 국토에 모두 가서 남음이 없게 하려고 보리심을 낸 것입니다."

욕입일체제불중회　실무여고　발보리심
欲入一切諸佛衆會하야 **悉無餘故**로 **發菩提心**이며

"일체 모든 부처님의 대중에 다 들어가서 남음이 없게 하려고 보리심을 낸 것입니다."

욕지일체세계중제겁차제　실무여고　발
欲知一切世界中諸劫次第하야 **悉無餘故**로 **發**
보리심
菩提心이며

"일체 세계의 여러 겁의 차례를 다 알아서 남음이 없게 하려고 보리심을 낸 것입니다."

욕 지 일 체 중 생 심 해   실 무 여 고   발 보 리 심
欲知一切衆生心海하야 **悉無餘故**로 **發菩提心**이며

"일체 중생의 마음 바다를 다 알아서 남음이 없게 하려고 보리심을 낸 것입니다."

욕 지 일 체 중 생 근 해   실 무 여 고   발 보 리 심
欲知一切衆生根海하야 **悉無餘故**로 **發菩提心**이며

"일체 중생의 근성 바다를 다 알아서 남음이 없게 하려고 보리심을 낸 것입니다."

욕 지 일 체 중 생 업 해   실 무 여 고   발 보 리 심
欲知一切衆生業海하야 **悉無餘故**로 **發菩提心**이며

"일체 중생의 업의 바다를 다 알아서 남음이 없게 하려고 보리심을 낸 것입니다."

欲知一切衆生行海^{하야} 悉無餘故^로 發菩提心^{이며}

"일체 중생의 행의 바다를 다 알아서 남음이 없게 하려고 보리심을 낸 것입니다."

欲滅一切衆生諸煩惱海^{하야} 悉無餘故^로 發菩提心^{이며}

"일체 중생의 모든 번뇌 바다를 다 소멸하여 남음이 없게 하려고 보리심을 낸 것입니다."

欲拔一切衆生煩惱習海^{하야} 悉無餘故^로 發菩提心^{이니}

"일체 중생의 번뇌습기 바다를 다 빼내어 남음이 없게 하려고 보리심을 낸 것입니다."

선남자　취요언지　　보살　이여시등백만
善男子야 **取要言之**컨댄 **菩薩**이 **以如是等百萬**

아승지방편행고　　발보리심
阿僧祇方便行故로 **發菩提心**이니라

"선남자여, 중요한 것을 추려서 말하면 보살은 이와 같은 등 백만 아승지 방편의 행行을 하기 위하여 보리심을 낸 것입니다."

여기까지 보리심을 발한 것이 제한이 없음을 순리로 해석한 내용이다.

선남자　보살행　보입일체법　　개중득고
善男子야 **菩薩行**이 **普入一切法**하야 **皆證得故**며

보입일체찰　　실엄정고　시고　선남자　엄
普入一切刹하야 **悉嚴淨故**니 **是故**로 **善男子**야 **嚴**

정일체세계진　　　아원내진　　발일체중생번
淨一切世界盡하야사 **我願乃盡**이며 **拔一切衆生煩**

뇌습기진　　　아원내만
惱習氣盡하야사 **我願乃滿**이니라

"선남자여, 보살의 행은 일체 법에 두루 들어가서 다 증득하려는 연고며, 일체 세계에 두루 들어가서 다 깨끗이 장엄하려는 연고입니다. 그러므로 선남자여, 일체 세계를 깨끗이 장엄하여 마치면 나의 서원도 마칠 것이며, 일체 중생의 번뇌습기를 뽑아 끝내면 나의 서원도 만족할 것입니다."

善財童子가 言호대 聖者여 此解脫이 名爲何等이니잇고 答言하사대 善男子야 此解脫이 名離憂安隱幢이니라

선재동자가 말하였습니다. "거룩하신 이여, 이 해탈의 이름을 무엇이라 합니까?" 답하여 말하되, "선남자여, 이 해탈은 이름을 '근심 없고 편안한 당기幢旗'라 합니다."

보리심을 발한 것이 다함이 없음을 모두 결론[總結]하여

마쳤다. 그리고 이 해탈의 이름을 밝혔다.

3) 자기는 겸손하고 다른 이의 수승함을 추천하다

善^선男^남子^자야 我^아唯^유知^지此^차一^일解^해脫^탈門^문이어니와 如^여諸^제菩^보薩^살摩^마訶^하薩^살은 其^기心^심如^여海^해하야 悉^실能^능容^용受^수一^일切^체佛^불法^법하며 如^여須^수彌^미山^산하야 志^지意^의堅^견固^고하야 不^불可^가動^동搖^요하며

"선남자여, 나는 다만 이 한 해탈문만을 알거니와 모든 보살마하살은 마음이 바다 같아서 일체 부처님의 법을 다 받아들이며, 수미산과 같이 뜻이 견고하여 동요하지 아니합니다."

如^여善^선見^견藥^약하야 能^능除^제衆^중生^생의 煩^번惱^뇌重^중病^병하며 如^여明^명

淨日ᄒᆞ야 能破衆生의 無明暗障ᄒᆞ며 猶如大地ᄒᆞ야 能作一切衆生依處ᄒᆞ며

"선견약善見藥과 같아서 중생들의 번뇌 병을 능히 치료하며, 밝은 해와 같아서 중생들의 어두운 무명을 능히 깨뜨리며, 마치 땅덩이와 같아서 일체 중생의 의지할 곳이 됩니다."

猶如好風ᄒᆞ야 能作一切衆生義利ᄒᆞ며 猶如明燈ᄒᆞ야 能爲衆生ᄒᆞ야 生智慧光ᄒᆞ며 猶如大雲ᄒᆞ야 能爲衆生ᄒᆞ야 雨寂滅法ᄒᆞ며

"마치 좋은 바람과 같아서 일체 중생의 이익을 지으며, 마치 밝은 등불과 같아서 능히 중생들의 지혜의 빛을 내며, 마치 큰 구름과 같아서 능히 중생들에게 고요한 법을 비처럼 내립니다."

猶如淨月_{하야} 能爲衆生_{하야} 放福德光_{하며} 猶如
帝釋_{하야} 悉能守護一切衆生_{하나니} 而我云何能知
能說彼功德行_{이리오}

"마치 청정한 달과 같아서 능히 중생에게 복덕의 빛을 놓으며, 마치 제석천과 같아서 일체 중생을 다 능히 수호합니다. 그러나 제가 어떻게 그 공덕의 행을 능히 알 수 있으며 능히 설할 수 있겠습니까."

저 보살들의 마음은 바다와 같고, 수미산과 같고, 선견약과 같고, 밝은 해와 같고, 땅덩이와 같고, 좋은 바람과 같고, 밝은 등불과 같고, 큰 구름과 같고, 청정한 달과 같고, 제석천과 같은 것을, 제가 어떻게 그 공덕의 행을 능히 알 수 있으며 능히 설할 수 있겠습니까.

4) 다음 선지식 찾기를 권유하다

善男子야 **於此南方海潮之處**에 **有一國土**하니
선남자　어차남방해조지처　　유일국토

名那羅素요 **中有仙人**하니 **名毘目瞿沙**니 **汝詣彼**
명나라소　중유선인　　명비목구사　여예피

問호대 **菩薩**이 **云何學菩薩行**이며 **修菩薩道**리잇고하라
문　　보살　　운하학보살행　　　수보살도

"선남자여, 여기서 남쪽으로 가면 바다의 조수가 이는 곳에 한 나라가 있으니 이름은 나라소那羅素요, 거기 선인仙人이 있으니 이름이 비목구사毘目瞿沙입니다. 그대는 그에게 가서 '보살이 어떻게 보살의 행을 배우며 보살의 도를 닦습니까.'라고 물으십시오."

여기서 남쪽으로 가면 바다의 조수가 이는 곳에 한 나라가 있다. 그곳에 선인仙人이 한 분 있으니 비목구사毘目瞿沙선인이다.

5) 수행의 어려움을 생각하다

時에 善財童子가 頂禮其足하고 繞無數帀하며 殷勤瞻仰하고 悲泣流淚하야 作是思惟호대

그때에 선재동자는 그의 발에 절하고 수없이 돌고 은근하게 앙모하여 눈물을 흘리면서 이렇게 생각하였습니다.

得菩提難이며 近善知識難이며 遇善知識難이며 得菩薩諸根難이며 淨菩薩諸根難이며 値同行善知識難이며 如理觀察難이며

'보리를 얻기 어렵고, 선지식을 친근하기 어렵고, 선지식을 만나기 어렵고, 보살의 모든 근根을 얻기 어렵고, 보살의 모든 근을 깨끗이 하기 어렵고, 함께 수행할

선지식을 만나기 어렵고, 이치대로 관찰하기 어렵고,

依^의教^교修^수行^행難^난이며 值^치遇^우出^출生^생善^선心^심方^방便^편難^난이며 值^치遇^우
增^증長^장一^일切^체智^지法^법光^광明^명難^난이라하야 作^작是^시念^념已^이하고 辭^사退^퇴
而^이行^행하니라

가르치는 대로 수행하기 어렵고, 착한 마음을 내는 방편을 만나기 어렵고, 일체 지혜를 증장하게 하는 법의 광명을 만나기 어렵구나.' 이렇게 생각하고는 하직하고 물러갔습니다.

선지식의 덕화를 다시 한 번 사모하면서 그 내용을 열 가지로 정리하여 생각하였다.

문수지남도 제9, 선재동자가 비목구사선인을 친견하다.

9. 비목구사선인 毘目瞿沙仙人
제8 동진주童眞住 선지식

1) 비목구사선인을 뵙고 법을 묻다

(1) 열 가지 마음을 내면서 선지식을 찾다

爾時_에 善財童子_가 隨順思惟菩薩正教_{하며} 隨順思惟菩薩淨行_{하야} 生增長菩薩福力心_{하며} 生明見一切諸佛心_{하며} 生出生一切諸佛心_{하며}

그때에 선재동자는 보살의 바른 가르침을 따라 생각하고, 보살의 깨끗한 행을 따라 생각하며, 보살의 복력을 증장하려는 마음을 내고, 일체 모든 부처님을 분명히 보려는 마음을 내고, 일체 모든 부처님을 출생하는

마음을 내고,

생증장일체대원심　　생보견시방제법심
生增長一切大願心하며 **生普見十方諸法心**하며

생명조제법실성심　　생보산일체장애심　　생
生明照諸法實性心하며 **生普散一切障礙心**하며 **生**

관찰법계무암심
觀察法界無暗心하며

　모든 큰 서원을 증장케 하는 마음을 내고, 시방의 모든 법을 두루 보는 마음을 내고, 모든 법의 참된 성품을 밝게 비추는 마음을 내고, 모든 장애를 두루 흩어 버리는 마음을 내고, 법계를 관찰하여 어두움이 없는 마음을 내고,

생청정의보장엄심　　생최복일체중마심
生淸淨意寶莊嚴心하며 **生摧伏一切衆魔心**하고

점점유행　　지나라소국　　주변추구비목구사
漸漸遊行하야 **至那羅素國**하야 **周徧推求毘目瞿沙**
하니라

청정한 여의보배로 장엄하는 마음을 내고, 모든 마를 항복받는 마음을 내면서, 점점 다니다가 나라소국에 이르러 비목구사를 두루 찾았습니다.

선재동자가 비목구사선인毘目瞿沙仙人 선지식을 찾아가는 동안을 평범한 학인들로 바꾸어 생각하면 방선 시간이나 해제철과도 같고 방학과도 같은 시간이다. 그런데 선재동자는 그 시간에 이와 같이 마음을 놓아 버리지 않고 그동안 들은 법문을 잘 정리하고 간추려서 사유하고 관찰하면서 다음의 선지식을 찾아간다.

(2) 큰 숲의 장엄과 비목구사선인

견일대림 아승지수 이위장엄 소위종
見一大林이 **阿僧祇樹**로 **以爲莊嚴**하니 **所謂種**

종엽수 부소포호 종종화수 개부선영
種葉樹가 **扶疎布濩**하며 **種種華樹**가 **開敷鮮榮**하며

종종과수 상속성숙
種種果樹가 **相續成熟**하며

한 큰 숲을 보니 아승지 나무로 장엄하였습니다. 이른바 갖가지 잎 나무는 울창하게 퍼지고, 갖가지 꽃 나무는 아름답게 피었으며, 갖가지 과실 나무는 계속하여 익어 가고,

종종보수 우마니과 대전단수 처처항
種種寶樹가 雨摩尼果하며 大栴檀樹가 處處行

렬 제침수수 상출호향 열의향수 묘향
列하며 諸沈水樹가 常出好香하며 悅意香樹가 妙香

장엄 파타라수 사면위요
莊嚴하며 波吒羅樹가 四面圍繞하며

갖가지 보배 나무는 마니 열매를 비처럼 내리고, 큰 전단 나무는 간 데마다 열을 지어 섰고, 모든 침수향 나무는 좋은 향기를 항상 풍기고, 마음을 기쁘게 하는 향 나무는 미묘한 향으로 장엄하였고, 파타라 나무는 사면에 둘러섰으며,

니구율수 기신용탁 염부단수 상우감
尼拘律樹가 其身聳擢하며 閻浮檀樹가 常雨甘

果하며 優鉢羅華와 波頭摩華로 以嚴池沼하니라

니구율尼拘律 나무는 그 몸통이 높이 솟았고, 염부단 나무에서는 단 과실이 항상 떨어지고, 우발라 꽃과 파두마 꽃으로 연못을 장엄하였습니다.

비목구사선인이 머무는 숲은 이와 같이 아름답기 그지없다. 갖가지 과실나무는 계속하여 익어 가고 염부단나무에서는 단 과실이 항상 떨어지고 있으니, 배가 고픈들 무엇이 염려되겠는가.

時에 善財童子가 見彼仙人이 在栴檀樹下하사 敷草而坐하니 領徒一萬이라 或着鹿皮하며 或着樹皮하며 或復編草하야 以爲衣服하며 髻環垂鬢하고 前後圍繞하니라

그때에 선재동자가 그 선인이 전단나무 아래에서 풀을 깔고 앉아 있는 것을 보니 일만 대중을 거느리고 있었는데, 혹 사슴 가죽을 입기도 하고, 혹 나무껍질을 입기도 하고, 혹 풀을 엮어서 옷을 만들기도 하였으며, 상투를 틀고 귀밑털을 드리운 이들이 앞뒤로 둘러 모시고 있었습니다.

비목구사선인이 거느린 일만 대중의 모습도 가지각색이다. 신선 밑에는 반드시 신선이 있을 터이니 모두가 신선의 형색이다.

(3) 선지식을 찬탄하고 법을 묻다

善財가 見已하고 往詣其所하야 五體投地하고 作如是言호대

선재동자가 친견하고 나서 그 앞에 나아가서 오체를 땅에 던져 절하고 이와 같이 말하였습니다.

아 금 득 우 진 선 지 식   선 지 식 자   즉 시 취 향
我今得遇眞善知識호니 **善知識者**는 **則是趣向**

일 체 지 문   영 아 득 입 진 실 도 고
一切智門이니 **令我得入眞實道故**며

"저는 이제 참다운 선지식을 만났습니다. 선지식은 일체 지혜에 나아가는 문이니, 저로 하여금 진실한 도에 들게 하는 연고입니다."

선 지 식 자   즉 시 취 향 일 체 지 승   영 아 득 지
善知識者는 **則是趣向一切智乘**이니 **令我得至**

여 래 지 고
如來地故며

"선지식은 일체 지혜에 나아가는 법이니, 저로 하여금 여래의 지위에 이르게 하는 연고입니다."

선 지 식 자   즉 시 취 향 일 체 지 선   영 아 득 지
善知識者는 **則是趣向一切智船**이니 **令我得至**

지 보 주 고
智寶洲故며

"선지식은 일체 지혜에 나아가는 배[船]이니, 저로 하여금 지혜 보배의 섬에 이르게 하는 연고입니다."

선 지 식 자   즉 시 취 향 일 체 지 거   영 아 득 생
善知識者는 **則是趣向一切智炬**니 **令我得生**

십 력 광 고
十力光故며

"선지식은 일체 지혜에 나아가는 횃불이니, 저로 하여금 열 가지 힘의 빛[十力光]을 내게 하는 연고입니다."

선 지 식 자   즉 시 취 향 일 체 지 도   영 아 득 입 열
善知識者는 **則是趣向一切智道**니 **令我得入涅**

반 성 고
槃城故며

"선지식은 일체 지혜에 나아가는 길이니, 저로 하여금 열반의 성에 들어가게 하는 연고입니다."

선지식자　　즉시취향일체지등　　영아득견
善知識者는 **則是趣向一切智燈**이니 **令我得見**

이험도고
夷險道故며

"선지식은 일체 지혜에 나아가는 등불이니, 저로 하여금 평탄하고 험한 길을 보게 하는 연고입니다."

선지식자　　즉시취향일체지교　　영아득도
善知識者는 **則是趣向一切智橋**니 **令我得度**

험악처고
險惡處故며

"선지식은 일체 지혜에 나아가는 다리이니, 저로 하여금 험난한 곳을 건너게 하는 연고입니다."

선지식자　　즉시취향일체지개　　영아득생
善知識者는 **則是趣向一切智蓋**니 **令我得生**

대자량고
大慈涼故며

"선지식은 일체 지혜에 나아가는 일산日傘이니, 저로 하여금 크게 인자한 그늘을 내게 하는 연고입니다."

선지식자   즉시취향일체지안   영아득견
善知識者는 **則是趣向一切智眼**이니 **令我得見**

법성문고
法性門故며

"선지식은 일체 지혜에 나아가는 눈이니, 저로 하여금 법의 성품의 문을 보게 하는 연고입니다."

선지식자   즉시취향일체지조   영아만족
善知識者는 **則是趣向一切智潮**니 **令我滿足**

대비수고
大悲水故니이다

"선지식은 일체 지혜에 나아가는 바다의 조수이니, 저로 하여금 크게 가엾이 여기는 물[大悲水]을 만족하게 하는 연고입니다."

선재동자가 참다운 선지식을 만났다고 하면서 선지식의 의미를 열 가지로 밝혔다. 선지식은 일체 지혜에 나아가는 문이며, 선지식은 일체 지혜에 나아가는 법이며, 선지식은 일체 지혜에 나아가는 배라는 등 일체 지혜를 위주로 선지식의 의미를 밝혔다.

작시어이　　종지이기　　요무량잡　　합장
作是語已하고 **從地而起**하야 **繞無量市**하며 **合掌**

전주　　백언　　성자　아이선발아뇩다라삼먁
前住하야 **白言**호대 **聖者**여 **我已先發阿耨多羅三藐**

삼보리심　　이미지보살　　운하학보살행　　운
三菩提心호니 **而未知菩薩**이 **云何學菩薩行**이며 **云**

하수보살도　　아문성자　　선능유회　　원위
何修菩薩道리잇고 **我聞聖者**는 **善能誘誨**라하니 **願爲**

아설
我說하소서

이렇게 말하고는 땅에서 일어나 한량없이 돌고 합장하고 앞에 서서 말하였습니다. "거룩하신 이여, 저는 이미 아뇩다라삼먁삼보리심을 내었습니다. 그러나 보살이 어떻게 보살의 행을 배우며 어떻게 보살의 도를 닦는지를 알지 못합니다. 제가 들으니 거룩하신 이께서 잘 가르치신다 하오니, 바라건대 저를 위해 말씀하여 주십시오."

선재동자는 역시 보살의 행과 보살의 도에 대하여 질문하였다. 진정한 불자라면 보살의 행을 떠나서 달리 무슨 질문이 있겠는가. 천만 번을 알아도 부족한 것이 보살행이요, 천만 번을 물어도 부족한 것이 보살행이다.

2) 선재동자를 찬탄하다

(1) 비목구사선인이 찬탄하다

時에 毘目瞿沙가 顧其徒衆하고 而作是言하사대

그때에 비목구사가 그의 대중을 돌아보고 이렇게 말하였습니다.

善男子야 此童子가 已發阿耨多羅三藐三菩
提心이로다

"선남자들이여, 이 동자는 이미 아뇩다라삼먁삼보리심을 내었습니다."

善男子야 此童子가 普施一切衆生無畏하며

"선남자들이여, 이 동자는 일체 중생에게 두려움 없음을 널리 보시하였습니다."

此童子가 普與一切衆生利益하며

"이 동자는 일체 중생에게 널리 이익을 주었습니다."

차 동 자　　상 관 일 체 제 불 지 해
此童子가 **常觀一切諸佛智海**하며

"이 동자는 일체 모든 부처님의 지혜 바다를 항상 관찰하였습니다."

차 동 자　　욕 음 일 체 감 로 법 우
此童子가 **欲飮一切甘露法雨**하며

"이 동자는 일체 감로의 법비를 마시고자 합니다."

차 동 자　　욕 측 일 체 광 대 법 해
此童子가 **欲測一切廣大法海**하며

"이 동자는 일체 광대한 법의 바다를 측량하려 합니다."

차 동 자　　욕 령 중 생 주 지 해 중
此童子가 **欲令衆生住智海中**하며

"이 동자는 중생들을 지혜 바다에 머물게 하려 합니다."

차 동 자　　욕 보 발 기 광 대 비 운
此童子가 **欲普發起廣大悲雲**하며

"이 동자는 광대한 자비 구름을 널리 일으키려 합니다."

차 동 자　　욕 보 우 어 광 대 법 우
此童子가 **欲普雨於廣大法雨**하며

"이 동자는 광대한 법의 비를 널리 내리려 합니다."

차 동 자　　욕 이 지 월　　보 조 세 간
此童子가 **欲以智月**로 **普照世間**하며

"이 동자는 지혜의 달로 세간을 두루 비추려 합니다."

차 동 자　　욕 멸 세 간 번 뇌 독 열
此童子가 **欲滅世間煩惱毒熱**하며

"이 동자는 세간의 번뇌의 독을 소멸하려 합니다."

차동자   욕장함식일체선근
此童子가 **欲長含識一切善根**이로다

"이 동자는 중생들의 일체 선근을 기르려 합니다."

비목구사선인이 선재동자를 찬탄하는 내용이다. 이미 선재동자는 이와 같은 사람이 되었다. 보리심을 발하여 오직 보살의 행과 보살의 도만을 생각하는 수행자는 이러한 찬탄을 듣고도 남음이 있다.

(2) 여러 신선들이 찬탄하다

시   제선중   문시어이   각이종종상묘향
時에 **諸仙衆**이 **聞是語已**하고 **各以種種上妙香**

화   산선재상   투신작례   위요공경   작
華로 **散善財上**하고 **投身作禮**하며 **圍繞恭敬**하야 **作**

여시언
如是言호대

이때에 여러 신선 대중이 이 말을 듣고 나서 가지각색 미묘한 향과 꽃으로 선재동자에게 흩고는 몸을 던져

절하고 두루 돌며 공경하고 이와 같이 말하였습니다.

금차동자　필당구호일체중생
今此童子가 **必當救護一切衆生**하며

"지금 이 동자는 반드시 일체 중생을 구호할 것입니다."

필당제멸제지옥고
必當除滅諸地獄苦하며

"반드시 모든 지옥의 고통을 소멸할 것입니다."

필당영단제축생도
必當永斷諸畜生道하며

"반드시 모든 축생의 길을 영원히 끊을 것입니다."

필당전거염라왕계
必當轉去閻羅王界하며

"반드시 염라대왕의 세계를 바꾸어 놓을 것입니다."

필 당 관 폐 제 난 처 문
必當關閉諸難處門하며

"반드시 모든 험난한 곳의 문을 닫을 것입니다."

필 당 건 갈 제 애 욕 해
必當乾竭諸愛欲海하며

"반드시 모든 애욕의 바다를 말릴 것입니다."

필 령 중 생　　영 멸 고 온
必令衆生으로 **永滅苦蘊**하며

"반드시 중생들의 괴로움 덩어리를 영원히 없앨 것입니다."

필당영파무명흑암
必當永破無明黑暗하며

"반드시 무명의 어둠을 영원히 깨뜨릴 것입니다."

필당영단탐애계박
必當永斷貪愛繫縛하며

"반드시 탐욕과 애착의 결박을 끊을 것입니다."

필이복덕대윤위산   위요세간
必以福德大輪圍山으로 **圍繞世間**하며

"반드시 복덕의 큰 철위산으로 세간을 둘러쌀 것입니다."

필이지혜대보수미   현시세간
必以智慧大寶須彌로 **顯示世間**하며

"반드시 지혜의 큰 보배 수미산으로 세간을 드러내 보일 것입니다."

필당출현청정지일
必當出現淸淨智日하며

"반드시 청정한 지혜의 해를 뜨게 할 것입니다."

필당개시선근법장
必當開示善根法藏하며

"반드시 착한 뿌리의 법장法藏을 열어 보일 것입니다."

필사세간　　명식험이
必使世間으로 **明識險易**케하리이다

"반드시 세간 사람들로 하여금 험하고 평탄함을 밝게 알게 할 것입니다."

신선 대중이 선재동자의 수행과 원력을 찬탄하는 내용이다. 그들도 보살인지라 보살의 법력을 잘 알고 능히 알맞게 찬탄하였다.

(3) 보리심 발한 것을 인정하다

時_에 毘目瞿沙_가 告群仙言_{하사대} 善男子_야 若有 能發阿耨多羅三藐三菩提心_{이면} 必當成就一切 智道_니 此善男子_가 已發阿耨多羅三藐三菩提心_{하니} 當淨一切佛功德地_{로다}

이때에 비목구사가 여러 신선들에게 말하였습니다. "선남자여, 만일 어떤 이가 능히 아뇩다라삼먁삼보리심을 내면 반드시 일체 지혜의 도를 성취할 것입니다. 그러므로 이 선남자는 이미 아뇩다라삼먁삼보리심을 내었으므로 마땅히 모든 부처님의 공덕 바탕을 깨끗이 할 것입니다."

비목구사선인이 거느린 대중들이 선재동자의 법을 찬탄하므로 선인도 그 대중들을 격려하고 선재동자가 보리심 발한 것을 인정하였다.

3) 무승당無勝幢 해탈의 경계를 보이다

時에 毘目瞿沙가 告善財童子言하사대 善男子야
我得菩薩無勝幢解脫호라 善財가 白言호대 聖者여
無勝幢解脫이 境界云何니잇고

이때에 비목구사가 선재동자에게 말하였습니다. "선남자여, 나는 보살의 '이길 이 없는 당기 해탈[無勝幢解脫]'을 얻었습니다." 선재동자가 여쭈었습니다. "거룩하신 이여, 이길 이 없는 당기 해탈은 그 경계가 어떻습니까?"

時에 毘目仙人이 卽申右手하사 摩善財頂하고 執
善財手하신대 卽時善財가 自見其身이 往十方十佛
刹微塵數世界中하고 到十佛刹微塵數諸佛所하야

견피불찰   급기중회   제불상호   종종장엄
見彼佛刹과 **及其衆會**와 **諸佛相好**의 **種種莊嚴**하며

이때에 비목구사선인이 오른손을 펴서 선재의 정수리를 만지며 선재의 손을 잡았습니다. 그때에 선재동자는 자기의 몸이 시방으로 열 세계의 미진수 세계에 가서 열 세계의 미진수 모든 부처님 처소에 이르렀음을 보았고, 저 세계와 그리고 모인 대중과 모든 부처님의 잘생긴 모습이 여러 가지로 장엄하였음을 보았습니다.

선재동자가 비목구사선인에게 당신이 얻으신 보살의 '이 길이 없는 당기 해탈[無勝幢解脫]'의 경계를 물으니 비목구사선인이 오른손을 펴서 선재의 정수리를 만지며 선재의 손을 잡았다. 그 순간 신기하게도 선재동자는 불가사의한 경험을 하게 된다. 그 몸이 시방으로 열 세계의 미진수 세계에 가서 열 세계의 미진수 모든 부처님 처소에 이르렀음을 보았고, 저 세계와 그리고 모인 대중과 모든 부처님의 잘생긴 모습이 여러 가지로 장엄하였음을 보았다. 그뿐만 아니라 온갖 것을 보고, 듣고, 알고 한 것을 모두 밝힌다.

　　　　역문피불　　수제중생심지소락　　　이연설법
　　亦聞彼佛이 **隨諸衆生心之所樂**하고 **而演說法**

　　　　일문일구　　개실통달　　　각별수지　　　무유
하고 **一文一句**를 **皆悉通達**하야 **各別受持**하야 **無有**

잡란
雜亂하며

　또 그 부처님이 모든 중생들의 마음에 즐거함을 따라서 법을 연설함을 듣고, 한 글자 한 구절을 모두 통달하여 따로따로 받아 지니어 섞이지 아니하였습니다.

　비목구사선인이 오른손을 펴서 선재의 정수리를 만지고 선재의 손을 잡은 아주 간단한 일로 나타난 현상들이라고 해서 모든 일이 대충대충 지나가는 것이 아니다. 그 미세함이 이를 데 없어서 그 세계에 나타난 부처님이 모든 중생들의 마음에 즐거함을 따라서 법을 연설함을 듣고, 한 글자 한 구절을 모두 통달하여 따로따로 받아 지니어 섞이지 아니하였다. 일상에서의 모든 교화가 이와 같이만 이루어진다면 얼마나 많은 중생을 제도할까.

역지피불　이종종해　정치제원
亦知彼佛이 **以種種解**로 **淨治諸願**하며

또 저 부처님이 가지가지 지혜로 모든 서원을 깨끗하게 다스림도 알았습니다.

역지피불　이청정원　성취제력
亦知彼佛이 **以淸淨願**으로 **成就諸力**하며

또 저 부처님이 청정한 서원으로 모든 힘을 성취함도 알았습니다.

역견피불　수중생심　소현색상
亦見彼佛의 **隨衆生心**하야 **所現色相**하며

또 저 부처님이 중생들의 마음을 따라 나타내는 모습도 보았습니다.

역견피불　대광명망　종종제색　청정원만
亦見彼佛의 **大光明網**인 **種種諸色**이 **淸淨圓滿**하며

또 저 부처님의 큰 광명 그물의 가지가지 모든 색이 청정하고 원만함도 보았습니다.

역지피불 무애지혜대광명력
亦知彼佛의 **無礙智慧大光明力**하며

또 저 부처님의 걸림 없는 지혜와 큰 광명의 힘도 알았습니다.

우자견신 어제불소 경일일야 혹칠일야
又自見身이 **於諸佛所**에 **經一日夜**와 **或七日夜**와

반월일월 일년십년 백년천년 혹경억년
半月一月과 **一年十年**과 **百年千年**하며 **或經億年**과

혹아유다억년 혹나유타억년 혹경반겁
或阿庾多億年과 **或那由他億年**하며 **或經半劫**하며

혹경일겁백겁천겁 혹백천억 내지불가설
或經一劫百劫千劫과 **或百千億**과 **乃至不可說**

불가설불찰미진수겁
不可說佛刹微塵數劫하나라

또 스스로 몸이 여러 부처님 계신 데서 혹 하루 낮 하루 밤을 지내기도 하고, 혹 이레를 지내기도 하고, 혹은 반달이나 한 달이나 일 년이나 십 년이나 백 년이나 천 년이나 혹은 억 년을 지내기도 하며, 혹은 아유다 억 년이나 혹은 나유타 억 년이나 혹은 반 겁을 지내며, 혹은 한 겁이나 백 겁이나 천 겁을 지내며, 혹은 백천억 겁이나 내지 말할 수 없이 말할 수 없는 세계의 미진수 겁을 지내는 것을 보기도 하였습니다.

비목구사선인이 선재동자의 손을 잡는 순간 스스로의 몸이 무수한 세월의 겁이 지나가는 것을 보기도 하였다. 그야말로 모든 불사를 한마디로 요약하면, 한 미진 속에 시방세계가 들어 있고 한순간에 한량없는 겁이 다 들어 있는 경지이다.

이 시 　 선 재 동 자 　 위 보 살 무 승 당 해 탈 지 광
爾時에 **善財童子**가 **爲菩薩無勝幢解脫智光**

명조고   득비로자나장삼매광명
明照故로 **得毘盧遮那藏三昧光明**하며

   그때에 선재동자는 보살의 이길 이 없는 당기 해탈의 지혜 광명이 비춤으로 해서 비로자나장삼매의 광명을 얻었습니다.

위무진지해탈삼매광명조고   득보섭제방
爲無盡智解脫三昧光明照故로 **得普攝諸方**
다라니광명
陀羅尼光明하며

   다함없는 지혜 해탈 삼매의 광명이 비춤으로 해서 여러 방위를 두루 거두는 다라니 광명을 얻었습니다.

위금강륜다라니문광명조고   득극청정지
爲金剛輪陀羅尼門光明照故로 **得極淸淨智**
혜심삼매광명
慧心三昧光明하며

금강륜 다라니문의 광명이 비춤으로 해서 매우 청정한 지혜의 마음 삼매 광명을 얻었습니다.

위보문장엄장반야바라밀광명조고　득불
爲普門莊嚴藏般若波羅蜜光明照故로 **得佛**
허공장륜삼매광명
虛空藏輪三昧光明하며

넓은 문 장엄장 반야바라밀다의 광명이 비춤으로 해서 불허공장륜佛虛空藏輪 삼매의 광명을 얻었습니다.

위일체불법륜삼매광명조고　득삼세무진
爲一切佛法輪三昧光明照故로 **得三世無盡**
지삼매광명
智三昧光明이러니

일체불법륜一切佛法輪 삼매의 광명이 비춤으로 해서 세세상 그지없는 지혜 삼매의 광명을 얻었습니다.

비목구사선인이 선재동자의 손을 잡는 순간 온갖 것을

보고 듣고 알기만 한 것이 아니라 온갖 삼매 광명도 함께 얻게 되었음을 밝혔다.

時彼仙人이 **放善財手**하신대 **善財童子**가 **卽自見身**이 **還在本處**어늘
<small>시피선인 방선재수 선재동자 즉자견신 환재본처</small>

이때에 비목구사선인이 선재동자의 손을 놓으니, 선재동자는 곧 자기의 몸이 다시 본래의 장소에 있음을 보았습니다.

時彼仙人이 **告善財言**하사대 **善男子**야 **汝憶念耶**아 **善財**가 **言**호대 **唯**라 **此是聖者善知識力**이니이다
<small>시피선인 고선재언 선남자 여억념야 선재 언 유 차시성자선지식력</small>

그때에 비목구사선인이 선재동자에게 말하였습니다. "선남자여, 그대는 기억합니까?" 선재동자가 대답하였습니다. "예, 그렇습니다. 이것이 다 거룩하신 선지식의

힘인 줄 알고 있습니다."

실로 불가사의한 가르침이다. 선재동자가 법을 물으니 비목구사선인 선지식은 선재동자의 손을 한 번 잡는 순간 모든 것을 다 보여 주고, 모든 것을 다 들려 주고, 모든 것을 다 알려 주었다. 이보다 더 훌륭할 수 있는가. 실로 환희롭고 감동스러울 뿐이다.

4) 자기는 겸손하고 다른 이의 수승함을 추천하다

仙人이 言하사대 善男子야 我唯知此菩薩無勝
_{선인} _언 _{선남자} _{아유지차보살무승}

幢解脫이어니와 如諸菩薩摩訶薩은 成就一切殊勝
_{당해탈} _{여제보살마하살} _{성취일체수승}

三昧하야 於一切時에 而得自在하며
_{삼매} _{어일체시} _{이득자재}

비목구사선인이 말하였습니다. "선남자여, 나는 다만 이 보살의 이길 이 없는 당기 해탈만을 알지만, 모든

보살마하살은 일체 수승한 삼매를 성취하여 모든 시절에 자유자재함을 얻고,

於一念頃에 **出生諸佛無量智慧**하며 **以佛智燈**으로 **而爲莊嚴**하야 **普照世間**하며 **一念普入三世境界**하며 **分形徧往十方國土**하며

잠깐 동안에 모든 부처님의 한량없는 지혜를 내고, 부처님의 지혜 등불로 장엄하여 세간을 두루 비추며, 한 생각에 세 세상 경계에 두루 들어가서 형상을 나누어 시방의 국토에 두루 가며,

智身普入一切法界하며 **隨衆生心**하야 **普現其前**하며 **觀其根行**하야 **而爲利益**하며 **放淨光明**하야 **甚**

가 애 락
可愛樂이니

지혜의 몸이 모든 법계에 널리 들어가서 중생의 마음을 따라 그의 앞에 널리 나타나서 그의 근성과 행을 관찰하고, 이익되게 하며, 청정한 광명을 놓아 매우 사랑스럽고 즐겁게 합니다.

이 아 운 하 능 지 능 설 피 공 덕 행 　 피 수 승 원 　 피
而我云何能知能說彼功德行과 **彼殊勝願**과 **彼**

장 엄 찰 　 피 지 경 계 　 피 삼 매 소 행 　 피 신 통 변 화
莊嚴刹과 **彼智境界**와 **彼三昧所行**과 **彼神通變化**

　 피 해 탈 유 희 　 피 신 상 차 별 　 피 음 성 청 정 　 피
와 **彼解脫遊戱**와 **彼身相差別**과 **彼音聲淸淨**과 **彼**

지 혜 광 명
智慧光明이리오

그러나 제가 어떻게 저 공덕의 행과 저 수승한 서원과 저 장엄한 세계와 저 지혜의 경계와 저 삼매의 행함과 저 신통변화와 저 해탈의 유희와 저 몸이 서로 차별함과 저 음성이 청정함과 저 지혜의 광명을 능히 알며

능히 설할 수 있겠습니까."

5) 다음 선지식 찾기를 권유하다

善男子야 於此南方에 有一聚落하니 名伊沙那요 有婆羅門하니 名曰勝熱이니 汝詣彼問호대 菩薩이 云何學菩薩行이며 修菩薩道리잇고하라

"선남자여, 여기서 남쪽에 한 마을이 있으니 이름이 이사나(伊沙那)요, 거기에 바라문이 있으니 이름을 승열(勝熱)이라 합니다. 그대는 그에게 가서 '보살이 어떻게 보살의 행을 배우며 보살의 도를 닦습니까?'라고 물어 보십시오."

時에 善財童子가 歡喜踊躍하야 頂禮其足하며

요무수잡　　은근첨앙　　사퇴남행
繞無數帀하야 **殷勤瞻仰**하고 **辭退南行**하니라

　이때에 선재동자는 환희하고 용약하여 그의 발에 절하고 수없이 돌고 은근하게 앙모하면서 하직하고 남쪽으로 떠났습니다.

　진실한 선지식의 자세는 언제나 이와 같다. 어록에서 보면 예전의 선지식도 아직은 약간의 인아상人我相이 남아 있어서인가, 아니면 일부러 시험 삼아 인아상을 드러내 보이는 것인가, 수행자들이 서로 만나서 법을 거량할 때 인아상을 다투는 내용들이 간혹 기록되어 있다. 근래의 선지식이라는 사람들은 오로지 인아상을 다투는 모습들로 악취를 풍기면서도 스스로 악취를 풍기고 있다는 사실을 느끼지 못하니 무슨 까닭인가? 화엄경에서 학인과 선지식이 대면하여 법을 주고받는 광경을 보지 못하고 듣지 못하였는가? 실로 알 수 없는 도리로다.

문수지남도 제10, 선재동자가 승열바라문을 친견하다.

10. 승열바라문 勝熱婆羅門
제9 법왕자주 法王子住 선지식

1) 승열바라문을 뵙고 법을 묻다

(1) 무승당해탈無勝幢解脫의 법력

爾時에 善財童子가 爲菩薩無勝幢解脫所照
故로 住諸佛不思議神力하며 證菩薩不思議解脫
神通智하며 得菩薩不思議三昧智光明하며

그때에 선재동자가 보살의 이길 이 없는 당기 해탈[無勝幢解脫]의 비춤을 받은 연고로 모든 부처님의 부사의한 신통의 힘에 머물며, 보살의 부사의한 해탈과 신통한 지혜를 증득하며, 보살의 부사의한 삼매의 지혜 광명을

얻으며,

得一切時熏修三昧智光明하며 得了知一切境
界皆依想所住三昧智光明하며 得一切世間殊勝
智光明하야 於一切處에 悉現其身하야 以究竟智로
說無二無分別平等法하며

　모든 시기에 훈습하고 닦는 삼매의 지혜 광명을 얻으며, 모든 경계가 다 생각을 의지하여 머무는 것임을 아는 삼매의 지혜 광명을 얻으며, 모든 세간에서 수승한 지혜 광명을 얻어서 모든 곳에 그 몸을 다 나타내고 끝까지 이른 지혜로 둘이 없고 분별이 없는 평등한 법을 설하며,

이명정지   보조경계   범소문법   개능인
以明淨智로 **普照境界**하며 **凡所聞法**을 **皆能忍**

수   청정신해   어법자성   결정명료   심
受하야 **淸淨信解**하며 **於法自性**에 **決定明了**하며 **心**

항불사보살묘행   구일체지   영무퇴전
恒不捨菩薩妙行하며 **求一切智**하야 **永無退轉**하며

획득십력지혜광명
獲得十力智慧光明하며

　밝고 깨끗한 지혜로 경계를 두루 비추며, 들은 법을 모두 알아 가지며, 청정한 믿음과 이해로 법의 자성을 결정하여 밝게 알고, 마음에는 보살의 미묘한 행을 항상 버리지 않으며, 일체 지혜를 구하되 영원히 물러나지 아니하고, 열 가지 힘과 지혜의 광명을 얻으며,

근구묘법   상무염족   이정수행   입불
勤求妙法하야 **常無厭足**하며 **以正修行**으로 **入佛**

경계   출생보살무량장엄   무변대원   실이
境界하며 **出生菩薩無量莊嚴**하며 **無邊大願**이 **悉已**

청정
清淨하며

　미묘한 법을 부지런히 구하여 항상 싫은 생각이 없으며, 바르게 행을 닦아 부처님의 경계에 들어갔으며, 보살의 한량없는 장엄을 내고, 그지없는 큰 서원이 모두 청정하였으며,

이무궁진지　　지무변세계망　　이무겁약심
以無窮盡智로 **知無邊世界網**하며 **以無怯弱心**

도무량중생해　　　요무변보살제행경계
으로 **度無量衆生海**하며 **了無邊菩薩諸行境界**하며

견무변세계종종차별　　　견무변세계종종장엄
見無邊世界種種差別하며 **見無邊世界種種莊嚴**
하며

　다함이 없는 지혜로 그지없는 세계 그물을 알며, 겁약하지 않은 마음으로 한량없는 중생 바다를 제도하며, 그지없는 보살의 모든 수행하는 경계를 알며, 그지없는 세계의 여러 가지 차별을 보며, 그지없는 세계의 여러 가지 장엄을 보며,

입 무 변 세 계 미 세 경 계　　지 무 변 세 계 종 종 명
入無邊世界微細境界하며 知無邊世界種種名

호　　　지 무 변 세 계 종 종 언 설　　지 무 변 중 생 종
號하며 知無邊世界種種言說하며 知無邊衆生種

종 해　　　견 무 변 중 생 종 종 행　　　견 무 변 중 생 성
種解하며 見無邊衆生種種行하며 見無邊衆生成

숙 행　　　견 무 변 중 생 차 별 상　　염 선 지 식　　점
熟行하며 見無邊衆生差別想하며 念善知識하야 漸

차 유 행　　지 이 사 나 취 락
次遊行하야 至伊沙那聚落하니라

　그지없는 세계의 미세한 경계에 들어가며, 그지없는 세계의 여러 가지 이름을 알며, 그지없는 세계의 여러 가지 말을 알며, 그지없는 중생의 여러 가지 지혜를 알며, 그지없는 중생의 여러 가지 행을 보며, 그지없는 중생의 성숙한 행을 보며, 그지없는 중생의 차별한 생각을 보며, 선지식을 생각하면서 점점 가다가 이사나伊沙那 마을에 이르렀습니다.

　비목구사선인 선지식에게서 보살의 이길 이 없는 당기 해탈[無勝幢解脫]을 얻은 결과를 다시 정리하면서 그의 가르침에

의지하여 다음의 선지식을 찾아 이사나라는 마을에 이르게 되었다.

(2) 선재동자가 바라문을 친견하고 법을 묻다

見彼勝熱ᅵ이 修諸苦行하야 求一切智호대 四面火聚가 猶如大山하며 中有刀山이 高峻無極이어든 登彼山上하야 投身入火하고

저 승열바라문이 모든 고행을 닦으며 온갖 지혜를 구하는 것을 보니, 사면에 있는 불무더기가 마치 큰 산과 같은데 그 가운데 칼산[刀山]이 있어 높고 가파르기 그지없었습니다. 바라문은 그 산 위에 올라가서 몸을 날려 불구덩이에 들어가는 것이었습니다.

바라문婆羅門은 범어로 Brāhmaṇa이다. 인도 4성姓의 하나로 정행淨行·정지淨志·정예淨裔·범지梵志라 번역한다. 인

도 4성의 최고 지위에 있는 종족으로 승려의 계급이다. 바라문교의 전권專權을 장악하여 임금보다 윗자리에 있으며, 신神의 후예라 자칭하며, 정권의 배심陪審을 한다. 사실상의 신의 대표자로서 권위를 떨친다. 만일 이것을 침해하는 이는 신을 침해하는 것과 같다고 하며, 그들의 생활에는 범행梵行・가주家住・임서林棲・유행遊行의 네 시기가 있어서, 어렸을 때는 부모 밑에 있다가 좀 자라면 집을 떠나 스승을 모시고 베다를 학습한다. 장년에 이르면 다시 집에 돌아와 결혼하여 살다가, 늙으면 집안 살림을 아들에게 맡기고 숲속에 들어가 고행 수도한 뒤에 나와서는 사방으로 다니면서 세상의 모든 일을 초탈하여 남들이 주는 시물施物로써 생활한다.

각각 수행하는 방법이 달라서 혹은 물을 섬기는 바라문도 있고, 혹은 불을 섬기는 바라문도 있고, 혹은 나체로 고행하거나 가시덩굴 속을 다니면서 고행하거나 재나 모래를 뒤집어쓰는 고행을 하는 등의 바라문도 있었다. 승열바라문은 불을 섬기는 바라문이었다.

時_에 善財童子_가 頂禮其足_{하며} 合掌而立_{하야} 作
如是言_{호대} 聖者_여 我已先發阿耨多羅三藐三菩
提心_{호니} 而未知菩薩_이 云何學菩薩行_{이며} 云何修
菩薩道_{리잇고} 我聞聖者_는 善能誘誨_{라하니} 願爲我
說_{하소서}

그때에 선재동자가 그의 발에 절하고 합장하고 서서 이와 같이 말하였습니다. "거룩하신 이여, 저는 이미 먼저 아뇩다라삼먁삼보리심을 내었습니다. 그러나 보살이 어떻게 보살의 행을 배우며 어떻게 보살의 도를 닦는지를 알지 못합니다. 제가 들으니 거룩하신 이께서 능히 잘 가르치신다 하오니 바라건대 저를 위하여 말씀하여 주십시오."

비록 불을 섬기는 바라문이지만 앞서 만난 비목구사선인이 가르쳐 준 선지식이기 때문에 찾아가서 법을 물은 것이

다. 질문의 내용은 역시 앞에서와 같이 "어떻게 보살의 행을 배우며 어떻게 보살의 도를 닦습니까?" 하는 것이었다.

2) 승열바라문이 법을 설하다

(1) 몸을 불구덩이에 던지기를 권유하다

婆羅門이 言하사대 善男子야 汝今若能上此刀山
_{바라문   언   선남자   여금약능상차도산}

하야 投身火聚하면 諸菩薩行이 悉得淸淨하리라
_{투신화취   제보살행   실득청정}

바라문이 말하였습니다. "선남자여, 그대가 지금 만약 이 칼산 위에 올라가서 몸을 불구덩이에 던지면 모든 보살의 행이 모두 청정하여질 것입니다."

불을 섬기는 바라문인지라 자신이 하는 일과 같이 칼산에 올라가서 몸을 불구덩이에 던지면 모든 보살의 행이 모두 청정하여질 것이라고 하였다. 몸을 불구덩이에 던지면 어떻게 되겠는가. 우리는 육신에서 생명이 떠나고 오직 죽은 시

체만 남았을 때 마지막으로 그 시체를 불구덩이에 던질 뿐이다. 청춘이 만 리나 남은 어린 동자에게 몸을 불구덩이에 던지라고 한다. 이것은 또 무슨 청천벽력 같은 소식인가.

(2) 선재동자가 선지식을 의심하다

時_에 善財童子_가 作如是念_{호대} 得人身難_{이며} 離諸難難_{이며} 得無難難_{이며} 得淨法難_{이며} 得値佛難_{이며} 具諸根難_{이며} 聞佛法難_{이며} 遇善人難_{이며} 逢眞善知識難_{이며} 受如理正教難_{이며} 得正命難_{이며} 隨法行難_{이니}

그때에 선재동자가 이와 같이 생각하였습니다. '사람의 몸을 얻기 어렵고, 모든 어려움을 여의기 어렵고, 어려움이 없어짐을 얻기 어렵고, 청정한 법을 얻기 어렵고, 부처님을 만나기 어렵고, 모든 감관을 구비하기 어렵고, 불법佛法을 듣기 어렵고, 선한 사람을 만나기 어렵고, 참다운 선지식을 만나기 어렵고, 이치대로 바른 가르침을 받기 어렵고, 바른 생활을 하기 어렵고, 법을 따라 행하기 어려운데,

아무리 보리심을 발하여 선지식을 찾아다니면서 오직 보살의 행만을 실천하겠다고 하는 사람이지만 사람의 몸을 얻기 어렵고, 청정한 법을 얻기 어렵고, 부처님을 만나기 어렵고, 모든 감관[根]을 구비하기 어렵고, 불법을 듣기 어렵고, 선한 사람을 만나기 어렵고, 참다운 선지식을 만나기 어렵다는 사실을 너무나 잘 알고 있는데, 그 모든 것을 다 포기하고 이 몸을 불구덩이에 던지라니 천하의 선재동자도 의심을 할 수밖에 없는 일이다.

此將非魔와 **魔所使耶**아 **將非是魔**의 **險惡徒黨**이 **詐現菩薩善知識相**하야 **而欲爲我**하야 **作善根難**하며

作_작壽_수命_명難_난하야 障_장我_아修_수行_행一_일切_체智_지道_도하며 牽_견我_아令_영入_입

諸_제惡_악道_도中_중하며 欲_욕障_장我_아法_법門_문하며 障_장我_아佛_불法_법가

이것은 마魔가 아닌가. 마가 시키는 것이 아닌가. 마의 험악한 무리들이 보살인 듯이 선지식의 모양을 거짓 나타내어 나에게 착한 뿌리 심기를 어렵게 하고, 수명 지키기를 어렵게 하여 나의 일체 지혜의 길 닦는 것을 장애하고, 나를 이끌어서 모든 나쁜 길에 들어가게 하고, 나의 법문을 막고, 나의 불법을 막는 것이 아닌가.'

선재동자가 바라문의 말을 듣고 의심하게 된 내용을 낱낱이 밝혔다. 상식적인 사람이라면 이와 같이 생각할 수밖에 없을 것이다. 의심은 큰 번뇌이기도 하지만 바른 수행의 첫 단계가 되기도 한다. 의심이 없다면 어떤 수행이 이뤄지며 어떤 공부가 이뤄지겠는가.

(3) 수승한 인연을 들어 권유하여 이끌다

1〉 범천이 승열바라문을 찬탄하다

作是念時_에 十千梵天_이 在虛空中_{하야} 作如是言_{호대} 善男子_야 莫作是念_{하며} 莫作是念_{하라} 今此聖者_가 得金剛焰三昧光明_{하사} 發大精進_{하야} 度諸衆生_{호대} 心無退轉_{하사}

이렇게 생각할 때에 십천十千 범천이 허공에서 이와 같이 말하였습니다. "선남자여, 그런 생각을 하지 마십시오. 그런 생각을 하지 마십시오. 이 거룩한 이는 금강 불꽃 삼매의 광명을 얻었고, 크게 정진하여 모든 중생을 건지려는 마음이 물러나지 아니합니다."

선재동자가 바라문의 말을 듣고 의심하게 되자 범천과 마군과 자재천왕과 화락천왕 등 많은 대중이 등장하면서 승열바라문은 수승한 인연이라는 사실을 들어 찬탄하는 내용들이 이어진다.

범천梵天은 범어로 Brahma-deva이다. 바라하마천婆羅賀麼天이라고도 쓴다. 색계 초선천이다. 범梵은 맑고 깨끗하다는 뜻이다. 이 하늘은 욕계의 음욕을 여의어서 항상 깨끗하고 조용하므로 범천이라 한다. 여기에 세 하늘이 있으니 범중천·범보천·대범천인데 범천이라 통칭한다. 그냥 범천이라 할 때는 초선천의 주主인 범천왕을 가리킨다.

欲竭一切貪愛海하며 欲截一切邪見網하며 欲燒一切煩惱薪하며 欲照一切惑稠林하며 欲斷一切老死怖하며 欲壞一切三世障하며 欲放一切法光明이니라

"모든 탐애의 바다를 말리려 하고, 모든 삿된 소견의 그물을 찢으려 하고, 모든 번뇌의 섶을 태우려 하고, 모든 의혹의 숲을 비추려 하고, 모든 늙어 죽는 공포를 끊

으려 하고, 모든 세 세상 장애를 무너뜨리려 하고, 모든 법의 광명을 놓으려 합니다."

善男子ᄋᆞ 我諸梵天ᄋᆝ 多着邪見ᄒᆞᄋᆞ 皆悉自謂是自在者ᄆᆞ 是能作者ᄅᆞ 於世間中ᄋᆝ 我是最勝ᄋᆝᄅᆞᄒᆞ니

"선남자여, 우리 모든 범천들이 흔히 삿된 소견에 집착하여 스스로 생각하기를 '우리가 자유자재한 이며, 능히 짓는 이가 되어 이 세간에서 가장 훌륭하다.'라고 하였습니다."

見婆羅門ᄋᆡ 五熱炙身ᄒᆞᄀᆞ 於自宮殿ᄋᆝ 心不樂着ᄒᆞᄆᆞ 於諸禪定ᄋᆝ 不得滋味ᄒᆞᄋᆞ 皆共來請婆羅門所ᄒᆞ니

"이 바라문이 다섯 군데[五體] 뜨거움으로 몸을 볶는 것[五熱炙身]을 보고는 우리의 궁전에 좋아하는 마음이 없고 여러 가지 선정에서도 재미를 얻지 못하여서 함께 와서 바라문에게 청하였습니다."

時_에 婆羅門_이 以神通力_{으로} 示大苦行_{하야} 爲我說法_{하사} 能令我等_{으로} 滅一切見_{하고} 除一切慢_{하며} 住於大慈_{하고} 行於大悲_{하며} 起廣大心_{하고} 發菩提意_{하며} 常見諸佛_{하고} 恒聞妙法_{하야} 於一切處_에 心無所礙_{케하시니라}

"그때에 바라문은 신통한 힘으로 크게 고행함을 보이면서 우리에게 법을 설하여 우리의 모든 소견을 없애 주고, 모든 교만을 없애 주며, 크게 인자함에 머물고, 크게 가엾이 여김을 행하며, 광대한 마음을 일으키고,

보리심을 내게 하여, 항상 모든 부처님을 친견하고 항상 미묘한 법을 듣고는 온갖 곳에 마음이 걸리지 아니하였습니다."

수많은 범천이 승열바라문이 고행하는 것을 보았고, 또 승열바라문이 법을 설하여 모든 소견을 없애 주고, 모든 교만을 없애 주며, 크게 인자함에 머물고, 크게 가엾이 여김을 행하며, 광대한 마음을 일으키게 하는 등의 큰 이익 얻은 것을 밝혔다.

2) 마魔의 무리가 승열바라문을 찬탄하다

復有十千諸魔가 **在虛空中**하야 **以天摩尼寶**로 **散婆羅門上**하고 **告善財言**호대 **善男子**야 **此婆羅門**이 **五熱炙身時**에 **其火光明**이 **映奪於我**의 **所有宮殿**

諸莊嚴具가 皆如聚墨하야 令我於中에 不生樂着이어늘 我與眷屬으로 來詣其所하니

또 십천의 마의 무리가 공중에서 하늘 마니보배를 바라문의 위에 흩고 선재동자에게 말하였습니다. "선남자여, 이 바라문이 다섯 군데 뜨거움으로 몸을 볶을 때에 그 불의 광명이 나의 궁전의 장엄거리를 가리어 캄캄하게 하므로 나로 하여금 그 궁전에 애착을 내지 않게 하고 권속들과 함께 그의 처소에 왔었습니다."

此婆羅門이 爲我說法하사 令我와 及餘無量天子와 諸天女等으로 皆於阿耨多羅三藐三菩提에 得不退轉케하시니라

"이 바라문이 나에게 법을 설하여 나와 나머지 한량없는 다른 천자와 천녀들로 하여금 모두 아뇩다라삼먁

삼보리에서 물러나지 않게 하였습니다."

십천十千의 마의 대중이 승열바라문에게 감동하여 법을 듣고 아뇩보리에서 물러나지 않게 된 사연을 들어 찬탄하였다.

마魔란 마라(魔羅, Māra)의 준말이다. 장애자障礙者·살자殺者·악자惡者라 번역한다. 몸과 마음을 요란하게 하여 선법善法을 방해하고, 좋은 일을 깨뜨려 수도에 장애가 되는 것을 말한다. 구역舊譯의 경론에서는 마磨라 하였으나, 양梁나라 무제 때부터 마魔로 썼다. 여기에는 3마·4마·8마·10마 등의 구별이 있다.

3) 자재천왕이 승열바라문을 찬탄하다

復有十千自在天王이 於虛空中에 各散天華하고
부유십천자재천왕   어허공중   각산천화

作如是言호대 善男子야 此婆羅門이 五熱炙身時에
작여시언   선남자   차바라문   오열자신시

其火光明이 映奪我等의 所有宮殿하야 諸莊嚴具
기화광명   영탈아등   소유궁전   제장엄구

개여취묵 영아어중 불생애착 즉여
가 皆如聚墨하야 令我於中에 不生愛着이어늘 卽與

권 속   내 예 기 소
眷屬으로 來詣其所하니

또 십천의 자재천왕이 허공에서 각각 하늘 꽃을 뿌리고 이렇게 말하였습니다. "선남자여, 이 바라문이 다섯 군데 뜨거움으로 몸을 볶을 때에 그 불의 광명이 나의 궁전에 있는 장엄거리를 가리어 캄캄하게 하므로 나로 하여금 거기에 애착하지 않게 하고 곧 권속들과 함께 그의 처소에 왔었습니다."

차 바라문 위아설법   영아어심   이득자재
此婆羅門이 爲我說法하사 令我於心에 而得自在

어번뇌중   이득자재   어수생중   이득자
하며 於煩惱中에 而得自在하며 於受生中에 而得自

재   어제업장   이득자재   어제삼매   이득
在하며 於諸業障에 而得自在하며 於諸三昧에 而得

자재   어장엄구   이득자재   어수명중   이
自在하며 於莊嚴具에 而得自在하며 於壽命中에 而

득자재　내지능어일체불법　이득자재
得自在하며 **乃至能於一切佛法**에 **而得自在**케하시니라

"이 바라문이 나에게 법을 설하여 나로 하여금 마음에 자재하게 하고, 번뇌에도 자재하게 하고, 태어나는 데에도 자재하게 하고, 모든 업장에도 자재하게 하고, 모든 삼매에도 자재하게 하고, 장엄거리에도 자재하게 하고, 목숨에도 자재하게 하며, 내지 모든 불법에까지 능히 자재하게 하였습니다."

십천의 자재천왕이 자재천에서 모든 것에서 집착을 떠나 자재하게 된 것이 실은 승열바라문의 법력의 덕이었다는 사실을 들어 찬탄하였다.

자재천自在天은 곧 대자재천大自在天이다. 범어로 Maheśvara이다. 또는 마혜수라摩醯首羅・마혜습벌라摩醯濕伐羅라 한다. 눈은 셋이고 팔은 여덟으로 흰 소를 타고 흰 불자拂子를 들고 큰 위덕을 가진 신의 이름이다. 외도들은 이 신을 세계의 본체라 하며 또는 창조의 신이라 하여, 이 신이 기뻐하면 중생이 편안하고, 성내면 중생이 괴로우며, 온갖 물건이 죽어 없어지면 모두 이 신에게로 돌아간다고 한다. 이 신을 비

자사毘遮舍라 부르기도 하고 초선천初禪天의 임금이라 하며, 혹은 이사나伊舍那라 하여 제6 천주天主라고도 한다.

4〉화락천왕이 승열바라문을 찬탄하다

부유십천화락천왕   어허공중   작천음악
復有十千化樂天王이 **於虛空中**에 **作天音樂**하야

공경공양   작여시언
恭敬供養하고 **作如是言**호대

또 십천의 화락천왕이 허공에서 하늘 음악을 연주하여 공경 공양하고 이렇게 말하였습니다.

선남자   차바라문   오열자신시   기화광명
善男子야 **此婆羅門**이 **五熱炙身時**에 **其火光明**이

조아궁전   제장엄구   급제채녀   능령아등
照我宮殿의 **諸莊嚴具**와 **及諸婇女**하야 **能令我等**으로

불수욕락   불구욕락   신심유연   즉여
不受欲樂하며 **不求欲樂**하야 **身心柔軟**이어늘 **卽與**

衆俱하야 來詣其所하니
중구   내예기소

"선남자여, 이 바라문이 다섯 군데 뜨거움으로 몸을 볶을 때에 그 불의 광명이 나의 궁전의 장엄거리와 채녀들을 비추매 능히 나로 하여금 욕망을 내게 하지도 않고, 욕망을 구하지도 않고, 몸과 마음이 부드러워져서 곧 무리들과 함께 그의 처소에 왔었습니다."

時에 婆羅門이 爲我說法하사 能令我等으로 心得
시   바라문   위아설법   능령아등   심득

淸淨하며 心得明潔하며 心得純善하며 心得柔軟하며
청정   심득명결   심득순선   심득유연

心生歡喜하며 乃至令得淸淨十力淸淨之身하야
심생환희   내지영득청정십력청정지신

生無量身하며 乃至令得佛身佛語佛聲佛心하야 具
생무량신   내지영득불신불어불성불심   구

足成就一切智智케하시니라
족성취일체지지

"그때에 바라문이 나에게 법을 설하여 능히 우리들

로 하여금 마음이 청정하고, 마음이 깨끗하고, 마음이 순일하고, 마음이 부드럽고, 마음을 환희하게 하며, 내지 청정한 열 가지 힘과 청정한 몸을 얻게 하여 한량없는 몸을 내며, 내지 부처님의 몸과 부처님의 말과 부처님의 음성과 부처님의 마음을 얻으며, 일체 지혜의 지혜까지 구족히 성취하게 하였습니다."

또 십천의 화락천왕이 지난날 이 승열바라문과의 인연을 설하여 그의 법력을 찬탄하였다. 법을 설하여 능히 우리들로 하여금 마음이 청정하고, 마음이 깨끗하고, 마음이 순일하고, 마음이 부드럽고, 마음을 환희하게 하는 등의 이익을 얻은 것이다.

화락천化樂天은 범어로 Nirmāṇaratideva이다. 니마라尼摩羅・수열밀타須涅密陀・수밀타須密陀라 음역한다. 화자재천化自在天・화자락천化自樂天・낙변화천樂變化天이라고도 번역한다. 6욕천의 하나이다. 이 하늘에 나면 자기의 대경對境을 변화하여 쾌락의 대상으로 삼게 되므로 이렇게 이름한다. 도솔천의 위, 타화자재천의 아래에 있으며, 이 천인들의 키는 2리 반, 몸에서 항상 광명을 놓으며, 수명은 8천 세, 인간세상의 800년이 이 하늘의 하루에 해당한다. 또 서로 마주보고 웃는 것으로 남녀의 성교가 이루어지며, 아이는 남녀의 무릎 위에서 화생化生하고, 그 크기는 인간의 12세쯤 되는 아이와 같다고 한다.

5) 도솔천왕이 승열바라문을 찬탄하다

부유십천도솔천왕 천자천녀무량권속 어
復有十千兜率天王과 **天子天女無量眷屬**이 **於**

허공중 우중묘향 공경정례 작여시언
虛空中에 **雨衆妙香**하야 **恭敬頂禮**하고 **作如是言**호대

또 십천의 도솔천왕과 천자 천녀와 한량없는 권속들이 허공에서 미묘한 향을 뿌려서 공경하며 절하고 이와 같이 말하였습니다.

선남자 차바라문 오열자신시 영아등제
善男子야 **此婆羅門**이 **五熱炙身時**에 **令我等諸**

천 급기권속 어자궁전 무유낙착 공
天과 **及其眷屬**으로 **於自宮殿**에 **無有樂着**이어늘 **共**

예기소   문기설법   능령아등   불탐경계
詣其所하야 聞其說法하니 能令我等으로 不貪境界

     소욕지족   심생환희   심득충만   생제
하야 少欲知足하며 心生歡喜하야 心得充滿하며 生諸

선근   발보리심   내지원만일체불법
善根하야 發菩提心하며 乃至圓滿一切佛法케하시니라

"선남자여, 이 바라문이 다섯 군데 뜨거움으로 몸을 볶을 적에 우리 모든 하늘과 권속들이 자기의 궁전을 좋아하지 않고, 함께 그의 처소에 가서 그의 설법을 들었더니, 우리들은 경계에 탐하지 않고 욕심이 적어 넉넉함을 알았으며, 마음이 기쁘고 마음이 만족하여 모든 착한 뿌리를 내고 보리심을 내었으며, 내지 모든 불법佛法을 원만케 하였습니다."

십천의 도솔천왕이 승열바라문의 법력을 찬탄하였다. 경계에 탐하지 않고, 욕심이 적어 넉넉함을 알고[少欲知足], 마음이 기쁘고 마음을 만족하게 하였다.

도솔천兜率天은 범어로 Tusita-deva이다. 욕계 6천의 하나이다. 도사다覩史多 · 투슬다鬪瑟哆 · 도솔타兜率陀 · 도술兜術

이라고도 쓰며, 상족上足·묘족妙足·희족喜足·지족知足이라 번역한다. 수미산의 꼭대기에서 12만 유순 되는 곳에 있는 천계天界로서 7보寶로 된 궁전이 있고 한량없는 하늘 사람들이 살고 있고, 여기에는 내·외의 2원院이 있다고 한다. 외원外院은 천중天衆의 욕락처欲樂處이고, 내원內院은 미륵보살의 정토라 한다. 미륵보살은 여기에 있으면서 설법하여 남섬부주南贍部洲에 하생하여 성불할 시기를 기다리고 있다. 이 하늘은 아래에 있는 사왕천·도리천·야마천이 욕정에 잠겨 있고, 위에 있는 화락천·타화자재천이 들뜬 마음이 많은 데 대하여, 잠기지도 들뜨지도 않으면서 5욕락에 만족한 마음을 내므로, 미륵 등의 보처보살이 있다고 한다. 이 하늘 사람의 키는 2리, 옷 무게는 1수銖 반, 수명은 4천 세이다. 인간의 400세가 이 하늘의 1주야라고 한다.

6) 삼십삼천이 승열바라문을 찬탄하다

부유십천삼십삼천 병기권속천자천녀
復有十千三十三天과 **幷其眷屬天子天女**가

전후위요   어허공중   우천만다라화   공
前後圍繞하야 於虛空中에 雨天曼陀羅華하야 恭

경공양   작여시언
敬供養하고 作如是言호대

 또 십천의 삼십삼천이 있어 권속과 천자와 천녀들에게 둘러싸였는데 허공중에서 만다라 꽃이 비처럼 내리어 공경하고 공양하면서 이와 같이 말하였습니다.

선남자   차바라문   오열자신시   영아등제
善男子야 此婆羅門이 五熱炙身時에 令我等諸

천   어천음악   불생낙착   공예기소
天으로 於天音樂에 不生樂着이어늘 共詣其所하니

 "선남자여, 이 바라문이 다섯 군데 뜨거움으로 몸을 볶을 적에 우리들 모든 하늘은 하늘 음악에는 즐거운 생각을 내지 않고 그의 처소에 왔었습니다."

시   바라문   위아등설일체제법   무상패괴
時에 婆羅門이 爲我等說一切諸法의 無常敗壞

영아사리일체욕락   영아단제교만방일
하사 **令我捨離一切欲樂**하며 **令我斷除憍慢放逸**하며

영아애락무상보리
令我愛樂無上菩提케하시니라

"그때에 바라문이 우리에게 일체 모든 법은 무상하고 파괴되는 것이라고 설하여 우리로 하여금 모든 낙을 버리게 하고, 우리로 하여금 교만과 방일을 끊게 하고, 우리로 하여금 위없는 보리를 사랑하게 하였습니다."

우선남자   아당견차바라문시   수미산정
又善男子야 **我當見此婆羅門時**에 **須彌山頂**이

육종진동   아등 공포   개발보리심   견
六種震動이어늘 **我等**이 **恐怖**하야 **皆發菩提心**하야 **堅**

고부동
固不動호라

"또 선남자여, 우리들이 마땅히 이 바라문을 보았을 적에 수미산 꼭대기가 여섯 가지로 진동하므로 우리들은 무서워서 모두 보리심을 내는 데 견고하여 동요하지 않았습니다."

삼십삼천三十三天은 일명 도리천忉利天이다. 범어로는 Trāyastriṃśa이다. 욕계 6천의 제2천이다. 달리야달리사천怛唎耶怛唎奢天·다라야등릉사천多羅夜登陵舍天이라고도 쓰며, 33천이라 번역한다. 남섬부주의 위 8만 유순 되는 수미산 꼭대기에 있다. 중앙에 선견성善見城이라는, 4면이 8만 유순씩 되는 큰 성이 있고, 이 성 안에 제석천帝釋天이 있고, 사방에는 각기 8성이 있는데 그 권속 되는 하늘 사람들이 살고 있다고 한다. 사방 8성인 32성에 선견성을 더하여 33이 된다. 이 33천은 반달의 3재일齋日마다 성 밖에 있는 선법당善法堂에 모여서 법답고 법답지 못한 일을 평론한다는 것이다. 이 하늘의 중생들은 음욕을 행할 때에는 변하여 인간과 같이 되지만, 다만 풍기風氣를 누설하기만 하면 열뇌熱惱가 없어진다고 한다. 키는 1유순, 옷의 무게는 6수銖, 목숨 1천 세이다. 그 하늘의 1주야는 인간의 100년이다. 처음 태어났을 때는 인간의 6세 되는 아이와 같으며, 빛깔이 원만하고 저절로 의복이 입혀졌다고 한다. 부처님이 일찍이 하늘에 올라가서 어머니 마야부인을 위하여 석 달 동안 설법하고, 3도道의 보계寶階를 타고 승가시국에 내려왔다고 전한다.

7) 용왕이 승열바라문을 찬탄하다

復^부有^유十^십千^천龍^용王^왕하니 所^소謂^위伊^이那^나跋^발羅^라龍^용王^왕과 難^난陀^타 優^우波^파難^난陀^타龍^용王^왕等^등이 於^어虛^허空^공中^중에 雨^우黑^흑栴^전檀^단하며 無^무量^량龍^용女^녀가 奏^주天^천音^음樂^악하며 雨^우天^천妙^묘華^화와 及^급天^천香^향水^수하야 恭^공敬^경供^공養^양하고 作^작如^여是^시言^언호대

또 십천의 용왕이 있으니 이른바 이나발라용왕과 난타용왕과 우파난타용왕들이었습니다. 허공에서 검은 전단을 비처럼 내리고 한량없는 용녀들은 하늘 음악을 연주하며 하늘 꽃과 하늘 향수를 비처럼 내려서 공경 공양하고 이와 같이 말하였습니다.

善^선男^남子^자야 此^차婆^바羅^라門^문이 五^오熱^열炙^자身^신時^시에 其^기火^화光^광明^명이 普^보照^조一^일切^체諸^제龍^용宮^궁殿^전하야 令^영諸^제龍^용衆^중으로 離^이熱^열沙^사怖^포

와 金翅鳥怖하고 滅除瞋恚하야 身得淸涼하고 心無垢濁하며 聞法信解하야 厭惡龍趣하야 以至誠心으로 悔除業障하며 乃至發阿耨多羅三藐三菩提意하야 住一切智케하시니라

"선남자여, 이 바라문이 다섯 군데 뜨거움으로 몸을 볶을 적에 그 불의 광명이 일체 모든 용의 궁전을 비추어 모든 용들로 하여금 뜨거운 모래의 공포와 금시조金翅鳥의 공포를 여의게 하고, 성내는 일을 없애고 몸이 청량하여졌으며, 마음에 흐림이 없어 법을 듣고 믿고 이해했으며, 용의 종류를 싫어하고 지성으로 업장을 뉘우쳐 없애며, 내지 아뇩다라삼먁삼보리심까지 발하여 일체 지혜에 머물게 하였습니다."

용龍은 범어로 Nāga이다. 8부중의 하나며, 불법을 수호하는 신이다. 본래 인도에 사는 용의 종족들이 뱀을 숭배하는 신화에서 일어난 것이다. 사람의 얼굴과 사람의 형체로

갓 위에 용의 모양을 표하고 신력이 있어 구름과 비를 변화시킨다고 한다.

8) 야차왕이 승열바라문을 찬탄하다

復有十千夜叉王이 於虛空中에 以種種供具로
恭敬供養此婆羅門과 及以善財하고 作如是言호대

또 십천의 야차왕이 허공중에서 갖가지 공양거리로 이 바라문과 선재동자에게 공경 공양하고 이렇게 말하였습니다.

善男子야 此婆羅門이 五熱炙身時에 我及眷屬이
悉於衆生에 發慈愍心하니 一切羅刹鳩槃茶等도
亦生慈心하며 以慈心故로 於諸衆生에 無所惱害

이 래 견 아
하고 **而來見我**어늘

"선남자여, 이 바라문이 다섯 군데 뜨거움으로 몸을 볶을 적에 나와 권속들은 중생들에게 가엾이 여기는 마음을 내었고, 모든 나찰과 구반다들도 또한 인자한 마음을 내었습니다. 인자한 마음을 가졌으므로 모든 중생들을 해롭게 하지 않고 나에게로 왔었습니다."

아 급 피 등　　어 자 궁 전　　불 생 낙 착　　즉 여 공
我及彼等이 **於自宮殿**에 **不生樂着**하고 **卽與共**

구　　내 예 기 소　　시　바 라 문　　즉 위 아 등
俱하야 **來詣其所**하니 **時**에 **婆羅門**이 **卽爲我等**하야

여 응 설 법　　일 체 개 득 신 심 안 락　　우 영 무 량
如應說法하사 **一切皆得身心安樂**하며 **又令無量**

야 차 나 찰 구 반 다 등　　발 어 무 상 보 리 지 심
夜叉羅刹鳩槃茶等으로 **發於無上菩提之心**케하시니라

"나와 그들은 자기의 궁전에 좋아하는 생각이 없었고, 함께 바라문의 처소에 갔더니 그때에 바라문은 우리에게 적당한 법을 말하여 모두 몸과 마음이 안락하였

으며, 한량없는 야차와 나찰과 구반다들로 하여금 위없는 보리심을 내게 하였습니다."

야차夜叉는 범어로 Yaksa이다. 8부중部衆의 하나이다. 약차藥叉·열차閱叉라 음역한다. 위덕威德·포악暴惡·용건勇健·귀인貴人·첩질귀捷疾鬼·사제귀祠祭鬼라 번역한다. 나찰과 함께 비사문천왕의 권속으로 북방을 수호한다. 이에 천야차天夜叉·지야차地夜叉·허공야차虛空夜叉의 3종이 있다. 천야차·허공야차는 날아다니지만 지야차는 날지 못한다.

9) 건달바왕이 승열바라문을 찬탄하다

부유십천건달바왕 어허공중 작여시언
復有十千乾闥婆王이 **於虛空中**에 **作如是言**호대

선남자 차바라문 오열자신시 기화광명
善男子야 **此婆羅門**이 **五熱炙身時**에 **其火光明**이

조아궁전 실령아등 수부사의무량쾌락
照我宮殿하야 **悉令我等**으로 **受不思議無量快樂**일새

시 고 아 등　　내 예 기 소　　차 바 라 문　　위 아 설 법
是故我等이 **來詣其所**하니 **此婆羅門**이 **爲我說法**하사

능 령 아 등　　어 아 뇩 다 라 삼 먁 삼 보 리　　득 불 퇴
能令我等으로 **於阿耨多羅三藐三菩提**에 **得不退**

전
轉케하시니라

　또 십천의 건달바왕이 허공중에서 이와 같이 말하였습니다. "선남자여, 이 바라문이 다섯 군데 뜨거움으로 몸을 볶을 적에 그 광명이 나의 궁전을 비추어 우리들로 하여금 부사의한 한량없는 쾌락을 받게 하였습니다. 그래서 우리들이 그의 처소에 갔더니, 이 바라문이 나에게 법을 설하여 우리들로 하여금 아뇩다라삼먁삼보리에서 물러나지 않게 하였습니다."

　건달바乾闥婆는 범어로 Gandharva이다. 또는 건달박健達縛 · 건달바健達婆 · 언달바彦達婆 · 건답화健沓和 · 헌달박巘達縛이라고도 한다. 번역하여 심향행尋香行 · 심향尋香 · 식향食香 · 후향齅香이라 한다. ① 8부중部衆의 하나이다. 제석帝釋의 음악을 맡은 신이며, 지상地上의 보산寶山 중에 있으며 술과 고

기를 먹지 않고 향기만 먹으므로 이같이 이름한다. 항상 부처님이 설법하는 자리에 나타나 정법正法을 찬탄하고 불교를 수호한다. ② 인도에서 음악을 직업으로 하는 사람이다. 음식의 향기만을 찾아 그 문 앞에 가서 춤추고 노래하여 음식을 얻어 살아가므로 이같이 이른다. ③ 중음신中陰身을 이르기도 한다. 중음신은 향기만 맡으므로 식향食香이라 하고, 혹은 다음에 태어날 곳의 냄새를 찾아다니므로 심향행尋香行이라고도 한다.

10) 아수라왕이 승열바라문을 찬탄하다

復有十千阿修羅王이 從大海出하야 住在虛空하야 舒右膝輪하고 合掌前禮하야 作如是言호대

또 십천의 아수라왕이 큰 바다에서 나와 허공에 있으면서 오른 무릎을 펴고 합장하여 절하고 이와 같이 말하였습니다.

선남자 차바라문 오열자신시 아아수라
善男子야 此婆羅門이 五熱炙身時에 我阿修羅의

소유궁전 대해대지   실개진동   영아등
所有宮殿과 大海大地가 悉皆震動하야 令我等으로

사교만방일   시고아등   내예기소   종기문
捨憍慢放逸일새 是故我等이 來詣其所하야 從其聞

법   사리첨광   안주인지   견고부동   원
法하고 捨離諂誑하며 安住忍地하야 堅固不動하야 圓

만십력
滿十力호라

"선남자여, 이 바라문이 다섯 군데 뜨거움으로 몸을 볶을 적에 우리 아수라들의 궁전과 바다와 육지가 모두 진동하여 우리들로 하여금 교만과 방일을 버리게 하였으므로, 우리들은 그의 처소에 가서 그의 법문을 듣고 아첨함과 허황함을 버리고 참는 지위에 머물러서 견고하여 동하지 않으며 열 가지 힘을 원만케 하였습니다."

아수라阿修羅는 범어로 Asura이다. 6도의 하나며, 10계界의 하나이다. 아소라阿素羅·아소락阿素洛·아수륜阿須倫이라 음역하고 줄여서 수라修羅라 한다. 비천非天·비류非類·부단

정不端正이라 번역한다. 싸우기를 좋아하는 귀신으로 인도에서 가장 오랜 신의 하나이다. 리그베다에서는 가장 우승한 성령性靈이란 뜻으로 사용한다. 이후에는 무서운 귀신으로 인식되었다.

11) 가루라왕이 승열바라문을 찬탄하다

復有十千迦樓羅王이 勇力持王으로 而爲上首하야 化作外道童子之形하야 於虛空中에 唱如是言호대

또 십천의 가루라왕이 있는데 용맹을 가진 왕이 상수가 되었더니, 외도의 동자 형상으로 변화하여 허공중에서 이와 같은 말을 외쳤습니다.

善男子야 此婆羅門이 五熱炙身時에 其火光明이

조아궁전　　일체진동　　개실공포　　시고아
照我宮殿하니 一切震動하야 皆悉恐怖라 是故我

등　　내예기소
等이 來詣其所하니

"선남자여, 이 바라문이 다섯 군데 뜨거움으로 몸을 볶을 적에 그 불의 광명이 우리 궁전을 비추니 온갖 것이 진동하여 모두 무서워하였습니다. 그래서 우리들이 그의 처소에 갔었습니다."

시　　바라문　　즉위아등　　여응설법　　영수
時에 婆羅門이 卽爲我等하야 如應說法하사 令修

습대자　　칭찬대비　　도생사해　　어욕니중
習大慈하고 稱讚大悲하야 度生死海하야 於欲泥中

발제중생　　탄보리심　　기방편지　　수기
에 拔濟衆生하며 歎菩提心하고 起方便智하야 隨其

소의　　조복중생
所宜하야 調伏衆生케하시니라

"그때에 바라문이 곧 우리에게 적당하게 법을 말하여 크게 인자함을 익히게 하고, 크게 가엾이 여김을 칭찬하고, 생사의 바다를 건너게 하고, 탐욕의 수렁에서 중생들을 빼내게 하고, 보리심을 찬탄하고 방편의 지혜를 일으키게 하며, 적당하게 중생들을 조복하게 하였습니다."

가루라迦樓羅는 범어로 Garuḍa이다. 가류라迦留羅·아로나誐嚕拏·계로다揭路茶·가로다加嚕茶라고도 쓰고, 항영項癭·대소항大嗉項·식토비고성食吐悲苦聲이라 번역한다. 또는 소발랄니(蘇鉢剌尼, Suparin ; Suparṇa)라 하고, 금시조金翅鳥·묘시조妙翅鳥라 번역한다. 용을 잡아먹는다는 조류鳥類의 왕이다. 독수리같이 사나운 새인데 8부중部衆의 하나이다. 실재하는 동물이 아니고 신화神話 속의 새다. 고대 인도 사람은 새의 괴수로서 이러한 큰 새의 존재를 상상하고, 대승경전 같은 데에 8부중의 하나로 자주 인용하였다. 밀교에서는 이 새를 대범천大梵天·대자재천大自在天 등이 중생을 구제하기 위하여 화현한 것이라 하고, 혹은 문수보살의 화신이라고도 한다.

12) 긴나라왕이 승열바라문을 찬탄하다

부유십천긴나라왕 어허공중 창여시언
復有十千緊那羅王이 **於虛空中**에 **唱如是言**호대

또 십천의 긴나라왕이 허공중에서 이와 같이 외쳤습니다.

선남자 차바라문 오열자신시 아등소주
善男子야 **此婆羅門**이 **五熱炙身時**에 **我等所住**

궁전 제다라수 제보령망 제보증대 제음
宮殿에 **諸多羅樹**와 **諸寶鈴網**과 **諸寶繒帶**와 **諸音**

악수 제묘보수 급제악기 자연이출불성법
樂樹와 **諸妙寶樹**와 **及諸樂器**가 **自然而出佛聲法**

성 급불퇴전보살승성 원구무상보리지성
聲과 **及不退轉菩薩僧聲**과 **願求無上菩提之聲**하야

운
云호대

"선남자여, 이 바라문이 다섯 군데 뜨거움으로 몸을 볶을 적에 우리가 있는 궁전의 여러 다라 나무와 여러 보배 풍경 그물과 보배 비단 띠와 여러 음악 나무와 여

러 묘한 보배 나무와 그리고 모든 악기에서 저절로 나는 부처님의 소리와 법의 소리와 물러나지 않는 보살승의 소리와 위없는 보리를 구하는 소리를 내어 말하였습니다."

某方某國에 有某菩薩이 發菩提心하며 某方某國에 有某菩薩이 修行苦行하야 難捨能捨하며 乃至 淸淨一切智行하며 某方某國에 有某菩薩이 往詣 道場하며 乃至某方某國에 有某如來가 作佛事已하고 而般涅槃이라하니

"'어느 곳 어느 나라에서는 아무 보살이 보리심을 내었으며, 어느 쪽 어느 나라에서는 아무 보살이 고행을 행하고 버리기 어려운 것을 버렸으며, 내지 일체 지혜의 행을 청정히 하였으며, 어느 쪽 어느 나라에서는 아

무 보살이 도량에 나아갔으며, 내지 어느 쪽 어느 나라에서는 아무 여래가 불사를 마치고 열반에 들었다.'라고 하였습니다."

_{선남자} _{가사유인} _{이염부제일체초목}
善男子야 **假使有人**이 **以閻浮提一切草木**으로
_{말위미진} _{차미진수} _{가지변제} _{아궁전}
抹爲微塵하면 **此微塵數**는 **可知邊際**이어니와 **我宮殿**
_중 _{보다라수} _{내지악기} _{소설보살명} _{여래}
中에 **寶多羅樹**와 **乃至樂器**의 **所說菩薩名**과 **如來**
_명 _{소발대원} _{소수행등} _{무유능득지기변제}
名과 **所發大願**과 **所修行等**은 **無有能得知其邊際**
니라

"선남자여, 가령 어떤 사람이 염부제의 모든 초목을 갈아서 작은 먼지를 만들면 그 먼지의 수효는 그 끝을 알 수 있다 하더라도 나의 궁전에 있는 보배 다라 나무와 내지 악기에서 말하는 보살의 이름과 여래의 이름과 발하는 서원과 닦는 행行들은 그 끝닿은 데를 알지 못할 것입니다."

善男子야 我等이 以聞佛聲法聲菩薩僧聲하고
生大歡喜하야 來詣其所하니 時에 婆羅門이 卽爲我
等하야 如應說法하사 令我及餘無量衆生으로 於阿
耨多羅三藐三菩提에 得不退轉케하시니라

"선남자여, 우리는 부처님의 소리와 법의 소리와 보살승의 소리를 듣고 매우 기뻐서 바라문의 처소에 왔었습니다. 그때에 바라문은 곧 우리들에게 적당하게 법을 설하여 나와 나머지 한량없는 중생들로 하여금 아뇩다라삼먁삼보리에서 물러나지 않게 하였습니다."

긴나라緊那羅는 범어로 Kimnara이다. 또는 긴나라緊挐羅 · 긴타라緊陀羅 · 긴날락緊捺洛 · 견타라甄陀羅 · 진타라眞陀羅라 한다. 번역하여 의인疑人 · 의신疑神 · 인비인人非人 · 가신歌神 · 가악신歌樂神 · 음악신音樂神이라고도 한다. 8부중部衆의 하나이다. 사람인지 짐승인지 또는 새인지 일정하지 않고,

노래하고 춤추는 하늘의 악신樂神이다. 혹은 사람 머리에 새의 몸을 하고, 또는 말 머리에 사람의 몸을 하는 등 그 형상도 일정하지 않다.

13) 욕계천이 승열바라문을 찬탄하다

_{부유무량욕계제천} _{어허공중} _{이묘공구}
復有無量欲界諸天이 **於虛空中**에 **以妙供具**로

_{공경공양} _{창여시언}
恭敬供養하고 **唱如是言**호대

또 한량없는 욕심세계 하늘들이 허공중에서 아름다운 공양거리로 공경하며 공양하고 이렇게 외쳤습니다.

_{선남자} _{차바라문} _{오열자신시} _{기화광명}
善男子야 **此婆羅門**이 **五熱炙身時**에 **其火光明**이

_{조아비등일체지옥} _{제소수고} _{실령휴식}
照阿鼻等一切地獄하야 **諸所受苦**로 **悉令休息**이어늘

_{아등} _{견차화광명고} _{심생정신} _{이신심고}
我等이 **見此火光明故**로 **心生淨信**하며 **以信心故**로

종피명종　　생어천중　　위지은고　이래기소
從彼命終하야 **生於天中**하며 **爲知恩故**로 **而來其所**

　　공경첨앙　　무유염족
하야 **恭敬瞻仰**하야 **無有厭足**하니

"선남자여, 이 바라문이 다섯 군데 뜨거움으로 몸을 볶을 적에 불의 광명이 아비지옥 등 여러 지옥에 비치어 모든 고통받는 일이 쉬었으며, 우리들도 그 불의 광명을 보고 청정한 신심을 내었고, 신심을 내었으므로 거기서 목숨을 마치고 하늘에 태어났으며, 그 은혜를 알았으므로 그의 처소에 와서 공경하고 앙모하여 싫은 생각이 없었습니다."

　　시　　바라문　　위아설법　　영무량중생　　　발
時에 **婆羅門**이 **爲我說法**하사 **令無量衆生**으로 **發**

보리심
菩提心케하시니라

"그때에 바라문은 우리들에게 법을 설하여 한량없는 중생들로 하여금 보리심을 내게 하였습니다."

욕계欲界란 3계界의 하나이다. 지옥·아귀·축생·아수라·인간·6욕천의 총칭이다. 이런 세계는 식욕·수면욕睡眠欲·음욕이 있으므로 욕계라 한다.

선재동자에게 불속에 몸을 던지라는 승열바라문의 말을 듣고 선재동자가 크게 의심하므로 위와 같은 열세 종류의 대중이 차례로 앞에 나타나서 승열바라문과의 과거의 인연과 설법을 듣고 이익 얻은 것을 밝혔다. 실로 어느 구름에 비가 들었는지 모른다는 말이 있듯이 우리들 주변에도 누가 선지식인지를 알 수 없으며 어떤 일이 결과적으로 나에게 이익이 있는지를 알 수 없는 도리이다.

14) 선재동자가 참회하다

爾時_에 善財童子_가 聞如是法_{하고} 心大歡喜_{하야}
(이시 선재동자 문여시법 심대환희)

於婆羅門所_에 發起眞實善知識心_{하야} 頭頂禮敬
(어바라문소 발기진실선지식심 두정예경)

하고 唱如是言_{호대} 我於大聖善知識所_에 生不善
(창여시언 아어대성선지식소 생불선)

心이로소니 **唯願聖者**는 **容我悔過**하소서
심   유원성자   용아회과

그때에 선재동자가 이와 같은 법문을 듣고 마음이 매우 기뻐서 바라문에 대하여 진실한 선지식이라는 마음을 내어 엎드려 절하고 이와 같이 말하였습니다. "제가 크게 거룩하신 선지식에게 착하지 못한 마음을 내었습니다. 바라옵건대 거룩하신 이여, 저의 참회를 받아주십시오."

선재동자가 바라문 선지식에 대하여 의심하였던 것을 참회하는 내용이다. 실로 지난날의 어리석음과 소인小人의 생각으로 잘못 생각하고 잘못 행동한 모든 것에 대하여 깊이 뉘우치고 참회하여야 할 것이다.

15) 승열바라문이 선재동자에게 게송을 설하다

時에 **婆羅門**이 **卽爲善財**하사 **而說頌言**하사대
시   바라문   즉위선재   이설송언

그때에 바라문이 곧 선재동자에게 게송을 설하였습니다.

약유제보살　　　　　순선지식교
若有諸菩薩이　　　　順善知識教하면

일체무의구　　　　　안주심부동
一切無疑懼하야　　　安住心不動하리라

만약 어떤 모든 보살이
선지식의 가르침을 순종하면
모든 의심과 두려움이 없어지고
편안히 있어 마음이 흔들리지 않으리라.

당지여시인　　　　　필획광대리
當知如是人은　　　　必獲廣大利하야

좌보리수하　　　　　성어무상각
坐菩提樹下하야　　　成於無上覺이니라

마땅히 알라, 이런 사람들은
반드시 광대한 이익을 얻으리니
보리수나무 아래에 앉아서
위없는 깨달음을 이루리라.

선재동자가 열세 종류의 대중이 승열바라문을 찬탄하는

말을 듣고 드디어 자신의 어리석었음을 참회하니 승열바라문이 선재동자에게 게송을 설하였다. 진정한 선지식의 가르침이라면 그 말씀을 순종하여야 하며, 또 순종하면 반드시 큰 이익을 얻어 궁극에는 무상정각을 이루게 된다는 뜻을 밝혔다.

3) 선재동자가 칼산에 올라 불구덩이에 몸을 던지다

爾時에 善財童子가 即登刀山하야 自投火聚할새

未至中間에 即得菩薩善住三昧하며 纔觸火焰에

又得菩薩寂靜樂神通三昧하고 善財가 白言호대

甚奇聖者여 如是刀山과 及大火聚에 我身이 觸時

에 安隱快樂호이다

그때에 선재동자는 즉시에 칼산에 올라가서 몸을 불

구덩이에 던졌습니다. 몸이 내려가는 중간에서 보살의 잘 머무는 삼매를 얻었고, 몸이 불꽃에 닿자 또 보살의 고요하고 즐거운 신통 삼매를 얻었습니다. 이에 선재동자가 말하였습니다. "매우 신기합니다. 거룩하신 이여, 이와 같은 칼산과 불무더기에 저의 몸이 닿을 적에 편안하고 쾌락하였습니다."

선재동자가 선지식의 말씀을 듣고 곧바로 몸을 날려 불구덩이에 던졌다. 몸을 던지자마자 몸이 내려가는 중간에서 이미 보살의 잘 머무는 삼매를 얻었고, 몸이 불꽃에 닿자 또 보살의 고요하고 즐거운 신통 삼매를 얻었으니 이 불꽃은 도대체 무슨 불꽃인가. 그러나 아무리 선지식의 말씀이 진실하다 하더라도 불구덩이에 몸을 던지다니 참으로 훌륭하여라. 선재동자여, 수승하여라. 선재동자여, 위대하여라. 선재동자여, 만고에 빛나는 수행자의 본보기이어라.

4) 자신은 겸손하고 다른 이의 수승함을 추천하다

時_에 婆羅門_이 告善財言_{하사대} 善男子_야 我唯得
시 바라문 고선재언 선남자 아유득

此菩薩無盡輪解脫_{이어니와} 如諸菩薩摩訶薩_은 大
차보살무진륜해탈 여제보살마하살 대

功德焰_{으로} 能燒一切衆生見惑_{하야} 令無有餘_{하야}
공덕염 능소일체중생견혹 영무유여

必不退轉_{하며}
필불퇴전

그때에 바라문이 선재에게 말하였습니다. "선남자여, 나는 다만 이 보살의 다함이 없는 바퀴 해탈문을 얻었거니와 모든 보살마하살은 큰 공덕의 불꽃으로써 능히 일체 중생의 소견의 미혹을 태워서 남음이 없게 하여 반드시 물러나지 않게 하며,

無窮盡心_과 無懈怠心_과 無怯弱心_{으로} 發如金
무궁진심 무해태심 무겁약심 발여금

剛藏那羅延心과 疾修諸行無遲緩心하야 願如風輪하야 普持一切精進大誓하야 皆無退轉하나니 而我云何能知能說彼功德行이리오

　다하지 않는 마음과, 게으르지 않은 마음과, 겁이 없는 마음과, 금강장金剛藏 나라연 같은 마음과, 빨리 모든 행을 닦고 지체하지 않는 마음을 내며, 서원이 바람둘레와 같아서 여러 가지 노력과 큰 서원을 두루 지니어 물러나지 않습니다. 그러나 제가 어떻게 그 공덕의 행을 알며 어떻게 말하겠습니까."

　천하의 승열바라문과 같은 선지식도 자신은 한없이 겸손하고 다른 선지식의 훌륭함을 찬탄하였다. 생각할수록 아름답기 그지없는 선지식의 자세이다. 선지식의 깊은 가르침을 알지 못하더라도 스스로 한없이 겸손해하는 그 자세만으로도 만고에 본받을 선지식이다.

5) 다른 선지식 찾기를 권유하다

善男子야 於此南方에 有城하니 名獅子奮迅이요
中有童女하니 名曰慈行이니 汝詣彼問호대 菩薩이
云何學菩薩行이며 修菩薩道리잇고하라 時에 善財童
子가 頂禮其足하며 繞無數帀하고 辭退而去하니라

 "선남자여, 여기서 남쪽으로 가면 사자분신獅子奮迅이라는 성이 있고, 그 성중에 동녀가 있으니 이름을 자행慈行이라 합니다. 그대는 그이에게 가서 '보살이 어떻게 보살의 행을 배우며 보살의 도를 닦습니까?'라고 물으십시오." 그때에 선재동자는 그의 발에 엎드려 절하고 수없이 돌고 하직하고 물러갔습니다.

 불법을 수행하는 사람으로서 선지식에게 물어야 할 질문은 보살행이며 보살도이다. 이 질문은 영원히 변함없는 모든 불자들의 영원한 화두이다.

입법계품 5 끝 〈제64권 끝〉

華嚴經 構成表

分次	周次			內容	品數	會次
舉果勸樂生信分 (信)	所信因果周			如來依正	世主妙嚴品 第一 如來現相品 第二 普賢三昧品 第三 世界成就品 第四 華藏世界品 第五 毘盧遮那品 第六	初會
修因契果生解分 (解)	差別因果周	差別因		十信	如來名號品 第七 四聖諦品 第八 光明覺品 第九 菩薩問明品 第十 淨行品 第十一 賢首品 第十二	二會
				十住	昇須彌山頂品 第十三 須彌頂上偈讚品 第十四 十住品 第十五 梵行品 第十六 初發心功德品 第十七 明法品 第十八	三會
				十行	昇夜摩天宮品 第十九 夜摩天宮偈讚品 第二十 十行品 第二十一 十無盡藏品 第二十二	四會
				十迴向	昇兜率天宮品 第二十三 兜率宮中偈讚品 第二十四 十迴向品 第二十五	五會
				十地	十地品 第二十六	六會
				等覺	十定品 第二十七 十通品 第二十八 十忍品 第二十九 阿僧祇品 第三十 如來壽量品 第三十一 菩薩住處品 第三十二	七會
		差別果		妙覺	佛不思議法品 第三十三 如來十身相海品 第三十四 如來隨好光明功德品 第三十五	
	平等因果周	平等因			普賢行品 第三十六	
		平等果			如來出現品 第三十七	
托法進修成行分 (行)	成行因果周			二千行門	離世間品 第三十八	八會
依人證入成德分 (證)	證入因果周			證果法門	入法界品 第三十九	九會

(資料：文殊經典研究會)

會場	放光別	會主	入定別	說法別舉
菩提場	遮那放齒光眉間光	普賢菩薩為會主	入毘盧藏身三昧	如來依正法
普光明殿	世尊放兩足輪光	文殊菩薩為會主	此會不入定，信未入位故	十信法
忉利天宮	世尊放兩足指光	法慧菩薩為會主	入無量方便三昧	十住法門
夜摩天宮	如來放兩足趺光	功德林菩薩為會主	入菩薩善思惟三昧	十行法門
兜率天宮	如來放兩膝輪光	金剛幢菩薩為會主	入菩薩智光三昧	十廻向法門
他化天宮	如來放眉間毫相光	金剛藏菩薩為會主	入菩薩大智慧光明三昧	十地法門
再會普光明殿	如來放眉間口光	如來為會主	入剎那際三昧	等妙覺法門
三會普光明殿	此會佛不放光，表行依解法依解光故	普賢菩薩為會主	入佛華莊嚴三昧	二千行門
祇陀園林	放眉間白毫光	如來善友為會主	入獅子頻申三昧	果法門

如天 無比

1943년 영덕에서 출생하였다. 1958년 출가하여 덕흥사, 불국사, 범어사를 거쳐 1964년 해인사 강원을 졸업하고 동국역경연수원에서 수학하였다. 10여 년 선원생활을 하고 1976년 탄허스님에게 화엄경을 수학하고 전법, 이후 통도사 강주, 범어사 강주, 은해사 승가대학원장, 대한불교조계종 교육원장, 동국역경원장, 동화사 한문불전승가대학원장 등을 역임하였다.

현재 부산 문수선원 문수경전연구회에서 150여 명의 스님과 300여 명의 재가 신도들에게 화엄경을 강의하고 있다. 또한 다음 카페 '염화실'(http://cafe.daum.net/yumhwasil)을 통해 '모든 사람을 부처님으로 받들어 섬김으로써 이 땅에 평화와 행복을 가져오게 한다.'는 인불사상(人佛思想)을 펼치고 있다.

저서로 『무비스님의 왕복서 강설』, 『무비스님이 풀어 쓴 김시습의 법성게 선해』, 『법화경 법문』, 『신금강경 강의』, 『직지 강설』(전 2권), 『법화경 강의』(전 2권), 『신심명 강의』, 『임제록 강설』, 『대승찬 강설』, 『유마경 강설』, 『당신은 부처님』, 『사람이 부처님이다』, 『이것이 간화선이다』, 『무비 스님과 함께하는 불교공부』, 『무비 스님의 증도가 강의』, 『일곱 번의 작별인사』, 무비 스님이 가려 뽑은 명구 100선 시리즈(전 4권) 등이 있고 편찬하고 번역한 책으로 『화엄경(한글)』(전 10권), 『화엄경(한문)』(전 4권), 『금강경 오가해』 등이 있다.

대방광불화엄경 강설 제64권

| 초판 1쇄 발행_ 2017년 7월 13일
| 초판 2쇄 발행_ 2019년 5월 19일

| 지은이_ 여천 무비(如天 無比)
| 펴낸이_ 오세룡
| 편집_ 박성화 손미숙 김정은 정선경 이연희
| 기획_ 최은영 곽은영
| 디자인_ 고혜정 김효선 장혜정
| 홍보 마케팅_ 이주하
| 펴낸곳_ 담앤북스
  서울특별시 종로구 새문안로3길 23 경희궁의 아침 4단지 805호
  대표전화 02)765-1251 전송 02)764-1251 전자우편 damnbooks@hanmail.net
  출판등록 제300-2011-115호
| ISBN 979-11-87362-99-9 04220

정가 14,000원

ⓒ 무비스님 2017